Super
Smoothies

Super Smoothies

Christine Bailey

115 Rezepte mit Superfoods
für das ultimative
Gesundheitsplus

CHRISTIAN

Für meinen wundervollen Ehemann Chris und meine Smoothie-liebenden Jungen Nathan, Isaac und Simeon, die jedes Rezept mehrmals probiert und mir während der Entstehung dieses Buchs Liebe und Unterstützung geschenkt haben.

Produktmanagement: Eva Dotterweich
Übersetzung aus dem Amerikanischen: Barbara Knesl
Übersetzungsproduktion: Print Company Verlagsges.m.b.H.
Textredaktion: Bettina Dietrich
Umschlaggestaltung: Susanne Topitsch, Nebe+Topitsch Design, www.nebe-topitsch.de

Gesamtherstellung Verlagshaus GeraNova Bruckmann GmbH

★ ★ ★ ★

Sind Sie mit diesem Titel zufrieden?
Dann würden wir uns über Ihre Weiterempfehlung freuen.
Erzählen Sie es im Freundeskreis, berichten Sie Ihrem Buchhändler oder bewerten Sie bei Onlinekauf. Und wenn Sie Kritik, Korrekturen, Aktualisierungen haben, freuen wir uns über Ihre Nachricht an Christian Verlag, Postfach 40 02 09, D-80702 München oder per E-Mail an lektorat@verlagshaus.de.

Unser komplettes Programm finden Sie unter  www.christian-verlag.de

Die Deutsche Nationalbibliothek verzeichnet diese Publikation in der Deutschen Nationalbibliografie; detaillierte bibliografische Daten sind im Internet über http://dnb.d-nb.de abrufbar.

Copyright © 2015 für die deutschsprachige Ausgabe:
Christian Verlag GmbH, München

Die Originalausgabe mit dem Titel *Supercharged Juice & Juice Recipes* wurde erstmals 2015 bei Nourish im Verlag Watkins Media, London, veröffentlicht.

Copyright © Watkins Media 2015
Text-Copyright © Christine Bailey 2015
Foto-Copyright © Watkins Media 2015

Alle deutschsprachigen Rechte vorbehalten.

ISBN 978-3-86244-765-7

Printed in Malta

Anmerkungen zu den Rezepten:
Alle Rezepte sind für 1 Person.

Sofern nicht anders angegeben:
- Möglichst Zutaten aus Bio-Anbau verwenden
- Frische Zutaten einschließlich Kräuter und Gewürze verwenden
- Mittelgroßes Obst und Gemüse verwenden
- Obst und Gemüse sind ungeschält
- Obst und Gemüse waschen und zerkleinern
- 1 TL = 5 ml   1 EL = 15 ml

Die Ernährungssymbole beziehen sich ausschließlich auf die Rezepte, nicht auf alternative Zutaten, optionale Zutaten oder Servierempfehlungen. Erdnüsse, Pinienkerne und Kokosnüsse werden zu den Nüssen gezählt. Kokosblütenzucker wird als nussfreie Zutat eingestuft, da er eher aus dem Saft als aus der Nuss der Kokospalme gewonnen wird.

Inhalt

Zeichenerklärung

G Glutenfrei

M Milchfrei

S Sojafrei

N Nussfrei

SA Saatenfrei

ZI Zitrusfrei

V Vegan

Mehr Energie mit Superfoods

Für optimale Gesundheit und Wohlbefinden müssen wir uns gut ernähren, doch was können wir tun, um unsere Energie und Vitalität auf ein neues Niveau zu bringen? Wie können wir unserem Körper zu bester Gesundheit verhelfen und uns dabei verjüngt und erfrischt fühlen? Die Lösung ist, unsere Ernährung mit Lebensmitteln aufzupeppen, die über ein Plus an Nährstoffen verfügen. Am einfachsten geht das mithilfe von super-nahrhaften Säften und Smoothies. In diesem einzigartigen Buch zeige ich Ihnen, wie Sie Ihre Ernährung durch eine breite Palette an natürlichen Superfoods bereichern – verpackt in köstlichen und gesundheitsfördernden Säften und Smoothies, die jeweils spezifischen Aspekten der Gesundheit und des Wohlbefindens zuträglich sind.

Die Power-Zutaten, die ich Ihnen vorstelle, nähren Ihren Körper und versetzen ihn in einen ausgewogenen und gesunden Zustand. Auf diese Weise kann der Körper physisch, emotional und spirituell bestmöglich funktionieren. Ihr Energieniveau erlebt einen neuen Höhenflug und Sie erfreuen sich bester und anhaltender Gesundheit.

Jedes Superfood ist ein natürliches Nahrungsmittel, das hohe Nährstoffkonzentrationen enthält, sodass schon durch die Zugabe einer kleinen Menge in einen Saft oder Smoothie die Wirkung der anderen frischen Zutaten verstärkt wird. Ob Sie nun Ihr gesundes Gewicht halten oder Ihrem Körper mehr Energie verleihen möchten, Ihre mentale und physische Leistungsfähigkeit steigern, etwas für Ihre Ausstrahlung tun oder Ihr Immunsystem unterstützen wollen – für all das gibt es Superfoods. Einer meiner Super-Säfte oder -Smoothies täglich reicht schon aus, um einen wertvollen Beitrag für Ihre Gesundheit zu leisten. Und wenn Sie erst einmal die Wirkung spüren, werden Sie auch Lust bekommen, Ihre Ernährungs- und Lebensweise weitergehend zu verändern.

Seit Jahren kreiere ich Getränke wie diese für meine Kunden und stelle immer wieder fest, dass ihnen deren regelmäßiger Genuss enorm gut tut. Zerbrechen Sie sich nicht den Kopf darüber, wie Sie eigene Mischungen zusammenstellen können – ich habe bereits die besten, effizientesten und leckersten Kombinationen von frischen Zutaten und Superfoods für Sie ausgetüftelt.

Kleine Schritte mit großer Wirkung

Super-Säfte und -Smoothies sind eine erstaunlich einfache und angenehme Methode, um etwas für Ihre Gesundheit zu tun. Säfte belasten das Verdauungssystem nicht und werden vom Körper direkt aufgenommen. In den Saftmischungen in diesem Buch kommt eine breite Palette an Gemüse mit etwas Obst zum Einsatz. Dieser Mix optimiert den Nährwertgehalt des Getränks, ohne den Blutzuckerspiegel dramatisch durcheinanderzubringen.

Wenn Sie etwas Gehaltvolleres bevorzugen, zaubern Sie sich einen meiner Super-Smoothies. In ihnen stecken jede Menge lösliche Ballaststoffe, die für ein langes Sättigungsgefühl sorgen und Ihnen den ganzen Tag über Energie liefern. Sie eignen sich als nahrhafte Mahlzeit im Glas, verjüngender Snack, natürliches Doping nach dem Training oder köstliche und vitalisierende Gaumenfreude.

Mehr Power mit kleineren Dosen

Die Rezepte in diesem Buch wurden aus über 40 Super-Zutaten, plus Obst, Gemüse, Nüssen und

Samen erstellt. Viele davon wirken in Synergie miteinander. Mein Fokus liegt auf der Verwendung vollwertiger Nahrungsmittel und bunter, nährstoffreicher Zutaten – vorzugsweise aus Bio-Anbau – um den gesundheitlichen Nutzen jedes Getränks zu maximieren. Da die Superfoods so unglaublich nährstoffreich sind, bedarf es nur einer kleinen Menge, um eine merkliche Wirkung zu erzielen. Im Vergleich zu frischen und besonders industriell verarbeiteten Lebensmitteln enthalten sie Unmengen an konzentrierten gesunden Nährstoffen.

In Superfoods findet sich zudem ein breites Spektrum an Vitaminen, Mineralien und sekundären Pflanzenstoffen (natürliche Chemikalien mit antioxidativen Eigenschaften, die in Pflanzen vorkommen). Dazu zählen alltägliche Nahrungsmittel wie Heidelbeeren und Kohl ebenso wie weniger bekannte Nahrungsmittel, die als Extrakt oder Pulver erhältlich sind, so etwa Maca und Chaga. Antioxidantien, die in vielen der Super-Zutaten enthalten sind, sind Verbindungen, die die Körperzellen vor sogenannten freien Radikalen schützen. Egal wie gesund Sie leben, jede Zelle in Ihrem Körper wird ständig von schädlichen Chemikalien bombardiert. Freie Radikale sind die chemischen Nebenprodukte Ihres körpereigenen Stoffwechsels und entstehen aus Umweltgiften. Überzählige freie Radikale sind ein Problem, da sie den Körper angreifen und wichtige Zellmoleküle wie die DNA schädigen. Da sie die Körperzellen vor freien Radikalen schützen, spielen Antioxidantien eine Rolle bei der Prävention von chronischen Erkrankungen wie Herzleiden und Krebs und der Verlangsamung des Alterungsprozesses.

Viele dieser Zutaten gehören auch zum »Functional Food« – Nahrungsmittel, die eine bestimmte Funktion im Körper unterstützen. So wurde etwa nachgewiesen, dass Maca ein Adaptogen ist, es hilft dem Körper dabei, mit Stress umzugehen und stressige Ereignisse zu verarbeiten.

Powernahrung aus der Vergangenheit

Superfoods sind nichts Neues. Viele von ihnen werden seit Jahrtausenden von indigenen Völkern gegessen und als Heilmittel eingesetzt. Ein Beispiel dafür sind Chia-Samen, die seit Jahrhunderten in Zentralamerika verzehrt werden. Ein Mix aus Chia-Samen und Wasser diente bereits den aztekischen Läufern und Kriegern als Powernahrung. Heute betrachten wir diese Nahrungsmittel als Neuentdeckung, doch sie waren einst Teil der täglichen Ernährung.

Wie Sie dieses Buch verwenden

Lesen Sie sich zunächst die Grundlagen auf der nächsten Seite durch. Die Drinks sind nach Säften auf Fruchtbasis, Säften auf Gemüsebasis, leichten und fruchtigen Smoothies und gehaltvolleren, cremigeren Mixgetränken gegliedert. Auf den Seiten 150–157 finden Sie einen Überblick über alle Getränke mit einer Bewertung nach den folgenden Kategorien: Abnehmen; Reinigung; Schönheit (Anti-Aging); Energie; Immunsystem; Gehirnfitness. Auf Seite 9 werden diese Kategorien näher erläutert.

Wenn Sie an Blutzuckerentgleisungen leiden, sollten Sie Ihr Augenmerk auf Säfte auf Gemüsebasis legen und cremige Smoothies wählen, deren Protein und gesunde Fette die Freisetzung von Glukose ins Blut verlangsamen.

Viele Menschen bemerken, dass ihr Verlangen nach süßen, industriell verarbeiteten Nahrungsmitteln durch Superfoods nachlässt und sie ein stärkeres Gefühl von Vitalität und Jugendlichkeit verspüren. Das ist die Wunderkraft der Superfoods!

Superfood-Basics

Bevor Sie loslegen, sollten Sie sich noch kurz über ein paar grundlegende Aspekte Gedanken machen. Auf der Seite gegenüber finden Sie eine Auflistung der positiven Effekte, die die Getränke bewirken. In der Rubrik »Auf einen Blick« ab Seite 150 sind die Getränke nach diesen Kriterien zur besseren Übersichtlichkeit mit Sternen bewertet.

Wie viel soll ich trinken?

Die Mengenangaben zu jedem Saft oder Smoothie sind für eine Person. Die Rezepte in diesem Buch eignen sich als schnelle, nahrhafte Alternative zu einer Mahlzeit, als Beilage oder als energiespendender Snack. Sie sind auch ideal, wenn Sie einmal keine Lust auf Essen haben, etwa während der Genesung von Krankheiten oder bei Zeitmangel.

Säfte und Smoothies können die Basis für ein Detox-Wochenende (Seite 23) bilden. Viele davon eignen sich perfekt als leichter Snack vor und nach dem Workout. Außerdem finden sich hier tolle Anregungen für alle, die sonst so ganz und gar nichts mit Gemüse anfangen können. In Smoothies können Sie jede Menge Gesundes hineinschmuggeln – probieren Sie die Schoko-Haselnuss-Blumenkohl-Cream (Seite 114), und Sie werden sehen, was ich meine.

Ich empfehle Ihnen, täglich einen der Drinks je nach körperlicher Aktivität und Bedarf Ihres Körpers zu genießen. Um eine zu hohe Zuckeraufnahme zu vermeiden, wählen Sie lieber Säfte auf Gemüsebasis anstatt Säfte auf Fruchtbasis. Außerdem sollten Sie sich zum Frühstück am besten für grüne Säfte auf Gemüsebasis oder Smoothies auf Proteinbasis entscheiden, um Blutzuckerentgleisungen zu verhindern.

Wenn Sie an Overgrowth-Syndrom oder Dysbiose leiden, vermeiden Sie Säfte auf Fruchtbasis und greifen Sie zu Säften oder Smoothies auf Gemüsebasis mit höherem Fett- beziehungsweise Proteingehalt. Zucker bildet nämlich die Nahrung für schädliche Mikroben und trägt somit zu einem stärkeren Ungleichgewicht zwischen nützlichen und schädlichen Bakterien bei. Zudem bietet er Hefen und Parasiten einen guten Nährboden.

Welche Geräte brauche ich?

Sie benötigen einen qualitativ hochwertigen Entsafter, um so viele Nährstoffe wie möglich aus dem Obst und Gemüse zu gewinnen. Billige Geräte sind nicht so effizient beim Entsaften von Blattgemüse und Beerenobst. Daher lohnt es sich, nach einem guten Gerät zu einem angemessenen Preis Ausschau zu halten. Eine Saftpresse ist zwar kostspielig, aber eine Überlegung wert. Für die Herstellung von Zitrussäften ist auch eine manuelle oder elektrische Zitruspresse von Vorteil, aber nicht unbedingt erforderlich.

Für die Zubereitung von Smoothies ist ein Hochleistungsmixer ideal. Ein solches Gerät kann auch Eis, Nüsse und Kerne zerkleinern oder vermischen und zaubert im Nu eine cremige Textur.

Ansonsten benötigen Sie lediglich Schneidebretter, ein scharfes Messer, Messlöffel und Eiswürfelbehälter, um kühle Smoothies zu kreieren.

Achten Sie auf Qualität

Kaufen Sie frisches Obst und Gemüse, nach Möglichkeit in Bio-Qualität. In der Rubrik »Die Superfood-Vorratskammer« ab Seite 10 finden Sie Superfoods, die größtenteils im Supermarkt oder

Reformhaus erhältlich sind. In den Rezepten habe ich zudem gängigere Alternativen angeführt bzw. Zutaten, die im Internet gekauft werden müssen, als optional angegeben.

Die Rubriken »Superfood-Vorratskammer« (ab Seite 10) und »Auf einen Blick« (ab Seite 150) helfen Ihnen bei der Erstellung Ihrer Einkaufsliste.

Extras mit positiver Wirkung

Als Basis für die Säfte und Smoothies dient eine Vielzahl an Flüssigkeiten, von denen die meisten einen gesundheitlichen Nutzen haben und zugleich für eine gewisse Konsistenz sorgen. Die Säfte bestehen hauptsächlich aus der Flüssigkeit, die aus dem Obst oder Gemüse gewonnen wird, der Brei wird weggeworfen. Mitunter werden aber auch Tee oder Kokoswasser mit etwas Omega-Öl-Mischung oder Aloe-vera-Saft zugesetzt.

Für Smoothies wird das Obst oder Gemüse zur Gänze verarbeitet. Hinzu kommen oft noch andere Flüssigkeiten oder zerstoßenes Eis. Nüsse und Saaten und die aus ihnen gewonnene Milch können hinzugefügt werden, damit das Getränk dicker und reichhaltiger wird.

Die Ultimativen Smoothies sind leichte Drinks, die mit weniger Verdickungsmitteln wie Nüssen oder Saaten auskommen. Die Cremigen Smoothies werden hingegen mit einer Fülle an verdickenden Lebensmitteln wie Joghurt und Kefir, Haferflocken, Kokos-Flocken, Proteinpulver und dicker Kokosmilch zubereitet. Einige sind auch als Ersatz für eine Mahlzeit geeignet. Näheres zu gesundheitsfördernden Gärgetränken finden Sie auf Seite 22.

Symbole als Leitfaden

Auf den Seiten 150–157 wird jedes Rezept nach den folgenden Kriterien bewertet. Treffen Sie Ihre Wahl je nach Effekt, den Sie erzielen möchten.

A: Abnehmen Diese Smoothies und Säfte helfen Ihnen beim Abnehmen und unterstützen die Fettverbrennung. Die Bewertung bedeutet: 5 Sterne (200 kcal oder weniger) – am effizientesten; 4 Sterne (201–250 kcal); 3 Sterne (251–300 kcal).

R: Reinigung Die Getränke in dieser Kategorie enthalten Zutaten mit reinigender Wirkung, die das Entgiftungssystem unterstützen und die Entschlackung fördern. Sie beruhigen zudem das Verdauungssystem oder unterstützen die Verdauung.

S: Schönheit In diesen Säften und Smoothies ist eine Reihe von bekannten »Schönheits-Nährstoffen« – wie gesunde Fette, Protein oer Antioxidantien – enthalten, die für ein strahlendes Hautbild sowie feste Nägel und glänzende Haare sorgen. Diese Kategorie umfasst Nährstoffe, die Alterserscheinungen vorbeugen und Ihnen ein jugendliches Aussehen verleihen.

E: Energie Diese Säfte und Smoothies sollen die Leistungsfähigkeit und das Energieniveau steigern. Sie gleichen den Blutzucker aus und enthalten Nährstoffe, die die Zellgesundheit und mitochondriale Funktion fördern. Viele enthalten auch Nährstoffe zur Steigerung der Muskelmasse.

I: Immunsystem Die Nährstoffe in diesen Getränken unterstützen das körpereigene Immunsystem. Dazu zählen auch Zutaten mit antimikrobiellen und anti-viralen Eigenschaften.

G: Gehirnfitness Diese Drinks enthalten Nährstoffe, die das Gehirn und die kognitiven Leistungen unterstützen. Dazu gehören Vitamine, Mineralien, gesunde Fette und Antioxidantien.

Die Superfood-Vorratskammer

Superfoods gibt es zwar in Hülle und Fülle, doch habe ich mich in diesem Buch auf die gängigeren Superstars beschränkt. Viele von ihnen sind im Supermarkt um die Ecke oder im Reformhaus, manche im Internet erhältlich.

Algen

In die Kategorie dieser Power-Zutaten fallen Spirulina und Chlorella. Algen sind einzellige Organismen und zählen zu den ältesten bekannten Lebensformen. Aufgrund ihres außergewöhnlich hohen Chlorophyllgehalts, dem man eine reinigende und regenerierende Wirkung nachsagt, werden sie oft als das perfekte Lebensmittel schlechthin gepriesen. Chlorophyll hilft dem Körper dabei, mehr Sauerstoff zu verarbeiten, und fördert somit das Wachstum und die Wiederherstellung von Gewebe. (Bei Vorliegen einer Jodallergie sollte aber auf Nahrungsergänzungsmittel aus Algen verzichtet werden.) Wegen der stark entgiftenden Wirkung von Chlorella und Spirulina beginnen Sie am besten mit einer geringen Dosis, die Sie allmählich steigern. Sie können die Dosis auch über den Tag verteilen. Beginnen Sie mit ¼ TL und erhöhen Sie die Menge nach Wunsch auf 1 TL. Um auf Nummer sicher zu gehen, dass die Algen nicht durch unsauberes Meerwasser verunreinigt sind, wählen Sie am besten Bio-Algen von einem anerkannten Hersteller.

Chlorella ist eine einzellige Süßwasseralge mit einer harten äußeren Zellwand, die in einem eigenen Verarbeitungsprozess aufgespalten werden muss, damit der Körper sie adäquat aufnehmen kann. Chlorella leitet Giftstoffe und Schwermetalle wie Quecksilber besonders effizient aus dem Körper und hat eine reinigende Wirkung auf den Darm und andere Ausscheidungsorgane. Sie bietet zudem Schutz für die Leber und unterstützt die innere Reinigung des Körpers. Chlorella setzt die Zellregeneration in Gang, stärkt das Immunsystem und fördert die Verdauung. Chlorella besteht zu 50 Prozent aus reinem Protein und ist reich an Vitaminen und Mineralien, darunter Eisen und B-Vitamine, die für die Energieproduktion benötigt werden. Man kann Chlorella in Pulver- oder Tablettenform kaufen. Wählen Sie stets Chlorella mit aufgespaltener Zellwand, um sicherzustellen, dass sie verdaulich ist. Die Dosierempfehlung entnehmen Sie bitte dem Einleitungstext zu den Algen.

Spirulina ist eine Blaualge aus warmen Süßwasserquellen. Sie ist viele tausend Jahre älter als Chlorella und besitzt keine harte Zellwand. Die nährstoffreiche Alge findet in der Behandlung verschiedenster Leiden wie Arsenvergiftung, Candida-Überwucherung und allergischer Rhinitis Anwendung. Es hat sich gezeigt, dass sie das Schlaganfall- und Krebsrisiko senken kann. Spirulina unterstützt das Immunsystem, senkt den Blutdruck und sorgt für einen gesunden Cholesterinspiegel. Außerdem ist sie reich an Proteinen – sie enthält 65–71 % reines Protein (Rindfleisch enthält im Vergleich 22 % und Linsen 26 %).

Die Alge ist auch eine hervorragende Quelle von essentiellen Aminosäuren und Mineralien, die leicht vom Körper aufgenommen werden. Sie reinigt den Körper und ist ein effizienter Entgifter. Man kann Spirulina in Pulver- oder Tablettenform kaufen. Sie besitzt eine dunklere Farbe und einen intensiveren Geschmack als Chlorella. Man kann sie aber in geschmacksintensive Säfte und Smoothies mischen. Besonders gut schmeckt die Alge in cremigen Drinks. Die Dosierempfehlung entnehmen Sie bitte dem Einleitungstext zu den Algen.

Beeren und Früchte

Blaubeeren, Himbeeren, Erdbeeren, Brombeeren etc. sind für ihre Nährstoffvielfalt bekannt. Sie sind reich an Vitamin C, doch ein Großteil ihrer gesundheitsfördernden Eigenschaften beruht auf ihren Pflanzeninhaltsstoffen, den wirksamen Antioxidantien. Viele haben auch krebshemmende Eigenschaften. Für Säfte werden frische Beeren verwendet, für Smoothies tun es auch tiefgefrorene.

Acai-Beeren haben einen dunkelvioletten Farbton und sind ähnlich groß wie Blaubeeren. Sie weisen besonders in ihrer Haut eine hohe Konzentration an Antioxidantien, sogenannten Anthocyanen, auf. Die Acai-Beere ist ein wertvoller Lieferant von Ballaststoffen, Phytosterolen (Pflanzenfetten, die zur Senkung des LDL-Cholesterins beitragen), Vitamin C und A und Kalzium sowie gesunden Fetten wie Ölsäure (eine Omega-9-Fettsäure, die auch in Oliven vorkommt) und essentiellen Omega-6-Fettsäuren. Da sie schnell verderben, kauft man sie am besten als gefriergetrocknetes Pulver oder als ungesüßtes, tiefgefrorenes Püree.

Amla Die Beere, die auch als Indische Stachelbeere bekannt ist, ist reich an Vitamin C, Aminosäuren, Polyphenolen, Lipiden und anderen essentiellen Ölen. Sie wird gerne zur Unterstützung der Verdauung und der Leber sowie zur Stärkung der Atemwege gegessen.

Andenbeeren Die frische Frucht, die auch als Physalis oder Kapstachelbeere bekannt ist, sieht wie eine kleine orangefarbene Kirsche aus, die von einer lampionähnlichen Hülle umgeben ist. Die Beeren werden an der Sonne getrocknet, wodurch sich ihr zitrusartiger, leicht süß-saurer Geschmack intensiviert. Sie enthalten Vitamin A und C sowie viele B-Vitamine. Außerdem sind sie reich an Bioflavonoiden, die die Aufnahme von Vitamin C begünstigen, Entzündungen lindern und das Immunsystem stärken. Man kann Physalis getrocknet kaufen. Sie sorgen im Smoothie für ein zartes Zitronenaroma.

Baobab Das Fruchtfleisch dieser Frucht enthält deutlich mehr Vitamin C als Orangen und mehr Eisen als rotes Fleisch. Sie ist reich an Kalzium, Kalium und Magnesium. Die kokosnussgroße Frucht hat eine samtig-glatte Haut und einen unverwechselbaren Geschmack, der an eine Mischung aus Grapefruit, Birne und Vanille erinnert.

Baobab enthält viel Äpfelsäure, die zusammen mit dem hohen Vitamin-C-Gehalt die Leistungsfähigkeit steigert. Baobab-Pulver ist reich an Verdauungsenzymen und Präbiotika, die das Wachstum von probiotischen Bakterien im Darm fördern und somit eine gute Verdauungshilfe sind. Dank ihres Kalium-, Kalzium- und Magnesiumgehalts hat sie eine entsäuernde Wirkung. Die meisten Menschen leiden aufgrund ihrer Ernährung und ihres Lebensstils an Übersäuerung. Ein basisches Milieu verbessert die Zellfunktion und die Abwehr von schädlichen Einflüssen. Baobab hält den Körper in Schwung und reduziert das Risiko von Osteoporose, Muskelschmerzen und Alterung. Die Frucht hat einen leicht säuerlichen, zitronigen Geschmack. Man kann Baobab als Pulver kaufen.

Camu-Camu-Beeren Die roten, violetten oder grünen Beeren sind ähnlich groß wie Cranberrys. Sie haben einen leicht säuerlichen Geschmack, der im getrockneten Pulver weniger stark zum Vorschein kommt. Mit etwa 3.000 mg pro 100 g Fruchtbrei sind die Beeren absolute Vitamin-C-Bomben. Zudem enthalten sie B-Vitamine und Spurenelemente wie Kalium, Eisen und Kalzium. Die Extrakte der Beeren mindern Entzündungen und oxidativen Stress. Sie sind reich an Flavonoiden, haben wenig

Kalorien und einen hohen Ballaststoffgehalt und können bei der Gewichtsreduktion unterstützend wirken. Man kann die Beeren als Pulver kaufen. Aufgrund des hohen Vitamin-C-Gehalts der Frucht kann ein übermäßiger Genuss abführend wirken. Pro Tag nur zwischen ¼ und ½ TL zu sich nehmen.

Goji-Beeren Die leuchtend roten Beeren erinnern hinsichtlich ihres Geschmacks an eine Mischung aus Kirsche und Cranberry. Sie sind nährstoffreich und enthalten sage und schreibe 18 Aminosäuren, darunter alle acht essentiellen Aminosäuren. Somit sind sie die ideale vegane Proteinquelle und zugleich reich an Vitaminen und Mineralien wie Zink, Eisen, Kupfer, Kalzium, Selen und Phosphor. Goji-Beeren enthalten Antioxidantien, insbesondere die Carotinoide Beta-Carotin und Zeaxanthin. Man kann die Beeren als Trockenfrüchte oder als Pulver und Saft kaufen.

Lucuma Die köstliche peruanische Frucht wird zu Pulver verarbeitet und als natürliches Süßungsmittel verkauft. Der Geschmack erinnert an Ahornsirup und verleiht Getränken und Süßspeisen Süße. Lucuma enthält eine Vielzahl an Vitaminen, Mineralien und Ballaststoffen, wie Beta-Carotin, Vitamin B_1, B_2, B_3, B_5 und Niacin sowie Eisen, Kalium, Kalzium und Phosphor. Man kann die Beeren als Pulver kaufen. Dieses hat einen niedrigen glykämischen Index, der Blutzuckerspiegelschwankungen verhindert.

Granatäpfel sind wahre Vitamin-C-Bomben und reich an Polyphenolen, darunter Ellagsäure, deren krebsvorbeugende Wirkung bestätigt werden konnte. Die in der Frucht vorhandenen Antioxidantien unterstützen nachweislich die Gesundheit des Herz-Kreislauf-Systems. Man kann frische Früchte, gefriergetrocknetes Pulver und Saft kaufen.

Maqui-Beeren besitzen laut Studien eine bemerkenswerte antioxidative Wirkung und stellen damit Blaubeeren, Granatäpfel und Acai-Beeren in den Schatten. Die Beere bekämpft zellschädigende freie Radikale, verjüngt den Körper, verzögert den Alterungsprozess und steigert das Energieniveau. Aufgrund ihrer stark entzündungshemmenden Wirkung wird sie zur Behandlung chronischer Krankheiten sowie bei schmerzenden Gelenken, Muskelschmerzen und Schwellungen eingesetzt. Maqui-Beeren haben einen hohen Gehalt an Vitamin C, Kalzium und Kalium. Man kann die Beeren als gefriergetrocknetes Pulver kaufen.

Maulbeeren Sonnengetrocknete Maulbeeren sind sehr süß. Da die frischen Früchte nicht besonders lange haltbar sind, werden sie für gewöhnlich in der Sonne getrocknet. Sie sind bekannt für ihren hohen Gehalt an Antioxidantien, darunter Anthocyane, die eine antioxidative, entzündungshemmende, antimikrobielle und krebshemmende Wirkung haben, sowie Resveratrol, das Alterungsprozesse verlangsamt.

Resveratrol hilft wirksam gegen Entzündungen und schützt den Körper vor freien Radikalen, die zur Entstehung von Krankheiten beitragen können. Maulbeeren sind eine hervorragende Quelle von Vitamin C, Eisen, Kalzium, Ballaststoffen, B-Vitaminen und den Vitaminen C und K. Sie haben einen hohen Proteingehalt: 40 g getrocknete Maulbeeren enthalten etwa 4 g Protein. Man kann die weißen oder roten Beeren getrocknet kaufen.

Sanddorn ist reich an Vitamin C und E, Eisen, Chrom und Mangan, Aminosäuren, Antioxidantien und essentiellen Fettsäuren. Man kann Sanddorn als Saft kaufen.

Bienenerzeugnisse

Blütenpollen sind die Nahrung junger Bienen und gelten als eines der nährstoffreichsten Nahrungsmittel in der Natur. Sie bestehen zu etwa 40 % aus Protein, die Hälfte davon in Form von freien Aminosäuren, die direkt vom Körper genutzt werden. Das Protein, das vom Körper leicht aufgenommen wird, ist ein wahrer Energiebooster und Nahrung fürs Gehirn. Pollen sind reich an energiespendenden B-Vitaminen, Vitamin C und Coenzymen sowie Magnesium, Kalzium, Kupfer, Eisen, Kieselerde, Schwefel und Mangan. Man kann Blütenpollen als Granulat kaufen.

Honig Insbesondere Manuka-Honig ist reich an verdauungsfördernden Enzymen. Honig ist ein wirksamer Immun-Booster mit anti-mikrobiellen Eigenschaften und reich an Antioxidantien. Verwenden Sie Honig zum Süßen nur sparsam.

Propolis ist eine von Honigbienen hergestellte Masse, die zum Abdichten des Bienenstocks verwendet wird. Propolis enthält ätherische Öle, Wachse und Bioflavonoide. Man kann Propolis in Kapselform kaufen.

Fermentierte Getränke

Kefir, Kombucha und Joghurt sind fermentierte Flüssigkeiten, die in diesem Buch in einigen Rezepten wegen ihres gesundheitlichen Nutzens, insbesondere zur Förderung des Verdauungssystems und zur Stärkung des Immunsystems, als Zutat verwendet werden.

Kefir Das Gärgetränk ist reich an Aminosäuren, Enzymen, Kalzium, Magnesium, Phosphor und B-Vitaminen. Es enthält mehrere wichtige Bakterienstämme sowie wertvolle Hefen, die die Verdauungsfunktion und das Immunsystem deutlich unterstützen. Um aus Kefir den größtmöglichen Nutzen zu ziehen, genießen Sie ihn am besten täglich (doch beachten Sie die Anmerkung). Kefir wird aus Kefirkörnern und Kuhmilch, Schafmilch, Sojamilch, Kokos- oder Nussmilch hergestellt. Sie können auch Wasserkefir mithilfe von Wasserkefirkörnern zubereiten. Kefir kann zu Hause

hergestellt oder in Reformhäusern bzw. im Internet gekauft werden.

Kombucha wird durch Fermentierung von gesüßtem Tee mit einer symbiotischen Kultur aus Bakterien und Hefe (Kombuchapilz) hergestellt. Er besitzt viele der Enzyme, die der Körper für die Verdauung produziert, und fördert die Entschlackung und Leberfunktion. Kombucha enthält Glucosamin, das die Knorpelstruktur unterstützt und Arthritis entgegenwirkt. Zudem ist er reich an Antioxidantien und wirkt sich positiv auf das Immunsystem aus. Kombucha ist im Handel erhältlich oder verwenden Sie einen eigenen Kombuchapilz und einen Tee nach Ihrem Geschmack als Basis.

Anmerkung Wenn Sie an Diabetes oder Blutzuckerentgleisungen leiden, verzichten Sie wegen des hohen Zuckergehalts besser auf Kombucha oder Wasserkefir. Milch- oder Kokoskefir sind allerdings durchaus geeignet. Sie sollten Ihren Körper langsam an den Genuss von fermentierten Getränken gewöhnen. Beginnen Sie in der ersten Woche mit nur 4 EL täglich oder jeden zweiten Tag.

Auf Seite 22 finden Sie Rezepte für die Zubereitung von Kombucha und Kefir zu Hause.

Fette und Öle

Lassen Sie sich bloß nicht einreden, dass Fett an sich etwas Schlechtes sei. Fett ist ein essentieller Hauptnährstoff, der Körper und Gehirn versorgt. Die richtigen Arten von Fett im richtigen Verhältnis sind wichtig für die Reduktion von Entzündungen im Körper, die nachhaltige Energieversorgung, die Gesundheit der Zellmembranen und der Myelinscheide (die das Nervensystem schützt) sowie für die Bildung von Hormonen, die viele biologische Prozesse im Körper beeinflussen.

Kokosöl macht Smoothies reichhaltiger. Es enthält gesättigte Fette und ist vor allem reich an mittelkettigen Triglyceriden, die die Energie des Körpers aufrechterhalten, da sie vom Körper direkt als Brennstoff verwertet werden. Daher ist Kokosöl zum Beispiel die ideale Zutat für Smoothies vor dem Training. Außerdem enthält es Laurinsäure und Caprylsäure, die das Immunsystem fördern und antimikrobielle Eigenschaften besitzen.

Lecithin-Granulat Das aus Soja oder Sonnenblumenkernen gewonnene Lecithin enthält eine natürlich vorkommende Mischung aus Phospholipiden und somit die wertvollen Nährstoffe Phosphor, Cholin, Inosit und Glycerin. Lecithin kommt in den Zellmembranen des Körpers vor. Es ist besonders wichtig für die Gesundheit des Gehirns und der Myelinscheide. Ein Löffel Lecithin-Granulat macht Smoothies oder Säfte wunderbar sämig.

Omega-fettsäurereiche Öle Zu den Ölen, die die essentiellen Fettsäuren Omega-3 und -6 liefern, zählen Leinöl, Chiaöl und Hanföl sowie Omega-Öl-Mischungen. Verwenden Sie einen Schuss kalt gepresstes Öl in Bioqualität, um Smoothies und Säfte zu verfeinern. Die Öle sind hitze- und lichtempfindlich und werden daher am besten im Kühlschrank aufbewahrt.

Getrocknete Wurzeln, Gräser, Blätter und Pflanzen

Carob ist eine von Natur aus süße bohnenähnliche Hülsenfrucht mit einem hohen Anteil an Ballaststoffen, B-Vitaminen, Vitamin E und Antioxidantien. Die getrockneten Hülsen werden zu Pulver vermahlen. Carob fördert die Gesundheit des Verdauungssystems und eignet sich vorzüglich als Schokolade-Ersatz. Man kann Carob als Pulver kaufen.

Ginkgo Die Blätter sind reich an Flavonoiden und Terpenoiden, die Nerven, Herzmuskel, Blutgefäße und Retina vor schädlichen Einflüssen schützen

und die Durchblutung fördern, indem sie die Blutgefäße erweitern. Die Pflanze wird häufig zur Verbesserung der kognitiven Funktionen, des Sehvermögens und der Durchblutung eingesetzt. Man kann Ginkgo als Tee, Tinktur oder Pulver kaufen.

Grüner Kaffee Der Extrakt, der aus jungen Grünen Kaffeebohnen gewonnen wird, ist reich an Chlorogensäure, einem Antioxidans, das zur Senkung des Blutzuckerspiegels und zur Gewichtsreduktion beiträgt. Man kann ihn als Pulver kaufen.

Grüntee und Matchatee Schwarz- und Grüntee werden aus derselben Pflanze gewonnen, doch Grüntee ist weniger stark verarbeitet und liefert daher mehr antioxidative Polyphenole, besonders ein Catechin namens Epigallocatechingallat (EGCG), auf das die meisten gesundheitlichen Vorteile zurückgeführt werden. Als Matcha werden die fein gemahlenen Grünteeblätter bezeichnet. Es handelt sich um eine konzentrierte Form des Tees, die 137 Mal so viele Antioxidantien wie gewöhnlicher Grüntee enthält. Dank seines hohen Anteils an Polyphenolen schützt Grüntee bei regelmäßigem Genuss die Haut vor schädlichen Einflüssen.

Außerdem regt Grüntee die Thermogenese an, einen Prozess, der dazu beiträgt, den täglichen Energieverbrauch zu steigern. Daher legen einige Studien nahe, dass Grüntee zur Gewichtsreduktion beitragen kann. Der Genuss von Grüntee scheint auch das Risiko einer Reihe von Krankheiten zu senken, von bakteriellen oder viralen Infektionen bis hin zu chronischen degenerativen Erkrankungen wie Krebs und Osteoporose. Grüntee enthält die Aminosäure L-Theanin, der eine entspannende Wirkung zugeschrieben wird. Man kann Grüntee als Pulver kaufen.

Keimlinge und Sprossen wie Weizengras, Sonnenblumenkeimlinge, Alfalfakeimlinge, Erbsensprossen, Brokkolisprossen und Gerstengras sind weithin für ihre reinigende und vitalisierende Wirkung bekannt. Die Beliebtheit von Weizengras dürfte nicht zuletzt auf seinen hohen Chlorophyllgehalt zurückzuführen sein.

Keimlinge und Sprossen sind alkalisierend und reich an Enzymen zur Förderung der Verdauung und der Aufnahme von Nährstoffen. Der hohe Chlorophyllgehalt reichert das Blut mit Sauerstoff an, reinigt es und unterstützt damit eine gesunde Verdauung. Keimlinge und Sprossen sind zudem reich an Antioxidantien und schützen den Körper vor schädlichen freien Radikalen und Giftstoffen.

Weizengras hat einen milden, reinen Geschmack. Es liefert wertvolle Vitamine und Mineralien, darunter die B-Vitamine und Vitamin A und E sowie die Mineralien Kalzium, Phosphor, Natrium, Kalium, Magnesium, Eisen und Zink. Es enthält Aminosäuren in einer für den Körper leicht aufzunehmenden Form und immunfördernde und antimikrobielle Eigenschaften.

Sprossen sind ebenso wirkungsvolle Kraftprotze. Während der Keimung binden sich Mineralien wie Kalzium und Magnesium an das Protein, sodass diese besser verwertbar sind. Zudem verbessert sich die Qualität des Proteins, wenn die Samen gekeimt sind. Der Gehalt an Vitaminen und essentiellen Fettsäuren steigt während des Keimungsprozesses ebenso frappant. Diese Superfoods unterstützen die Zellerneuerung und sind somit ein wahrer Jungbrunnen.

Maca Die Pflanze gilt in Südamerika als Energietonikum. Seit Jahrhunderten findet sie im medizinischen Bereich als Adaptogen Anwendung, das heißt, sie kann dem Organismus dabei helfen, sich an Stress anzupassen, Krankheiten abzuwehren und das Immunsystem zu stärken.

Maca ist reich an Antioxidantien, Vitaminen, Kalzium, Magnesium und Eisen, Vitamin C und

vitalisierenden B-Vitaminen (B_1, B_2, B_6 und B_{12}). Sie enthält etwa 60 % Kohlenhydrate, 10 % Protein, 8,5 % Ballaststoffe und 2,2 % Fette, einschließlich gesunder Fettsäuren. Doch der gesundheitliche Nutzen von Maca scheint vor allem auf ihrer Wirkung auf die Nebennieren und das endokrine System zu beruhen. Maca wirkt vermutlich direkt auf den Hypothalamus und die Hypophyse, die die anderen Drüsen im Körper regulieren.

Maca soll den Geschlechtshormonspiegel bei Männern und Frauen ausgleichen, prämenstruelle Beschwerden lindern und die Libido und Sexualfunktion verbessern. Zudem kann sie Begleiterscheinungen der Wechseljahre wie Hitzewallungen und nächtliche Schweißausbrüche lindern. Sie hat ein nussiges, leichtes Aroma mit einer zarten Karamellnote. Man kann Maca als Pulver kaufen.

Moringablätter Moringa Oleifera (auch als Meerrettichbaum oder Trommelstockbaum bekannt) ist ein rasch wachsender Baum. Verschiedene Teile der Pflanze können verwendet werden: der Blütennektar als eine Form von Honig, das Öl zum Kochen und in der Kosmetik, die Samen für Speisen oder Tees und die Blätter, die traditionell zur Behandlung von Entzündungen, zur Entgiftung, als Antibiotiotikum und aufgrund ihrer krebshemmenden Eigenschaften eingesetzt werden. Die Blätter enthalten eine Vielzahl an Aminosäuren und sind somit eine gute Proteinquelle. Sie sind für ihren hohen Chlorophyllanteil bekannt, das alkalisierend und reinigend wirkt, Energie spendet und das Immunsystem stärkt.

In Moringa stecken jede Menge Antioxidantien, darunter Carotinoide und Polyphenole, und Vitamine, insbesondere die B-Vitamine und Vitamine A, C, E und K. Die Pflanze ist reich an Kalzium – nur 5 g (1 TL) des Blattpulvers enthalten 100 mg. Zudem ist sie ein guter Lieferant von Magnesium, Kalium, Eisen und Schwefel. Das Öl ist reich an Ölsäure (Omega-9). Die Blätter werden zur Zubereitung von Tee mit kochendem Wasser übergossen. Man kann Moringa als Pulver oder Pflanzenöl kaufen.

Purpur-Mais ist reich an Antioxidantien, darunter Anthocyan. Man kann ihn als Pulver kaufen.

Heilpilze

Jeder Heilpilz besitzt seine ganz eigenen gesundheitsfördernden Polysaccharide und medizinischen Eigenschaften. Allen gemein sind eine immunfördernde und belebende Wirkung. Die Kombination unterschiedlicher Heilpilze kann eine Reihe von gesundheitlichen Vorteilen bringen. So findet sich in Pilzen etwa Mannose, die für ihre anti-mikrobielle und anti-virale Wirkung bekannt ist und insbesondere gegen Harnwegsinfektionen hilft. Sie enthalten auch eine Reihe von Phytonährstoffen, die den Alterungsprozess verlangsamen sollen. Kaufen Sie Heilpilze als Pulver oder pulverisiert in Kapseln. Öffnet man die Kapseln, kann man das Pulver in Getränke einrühren. Oft sind auch fertige Mischungen erhältlich.

Chaga findet als Allheilmittel Anwendung. Der Chagapilz leistet einen wichtigen Beitrag für ein starkes Immunsystem und besitzt neben anti-viralen Eigenschaften einen hohen Anteil an Antioxidantien. Er wird gerne als Lebensverlängerer betrachtet und findet traditionell in der Behandlung von Entzündungen wie Geschwüren und Dickdarmentzündungen Anwendung. Der Pilz enthält eine Vielzahl wirksamer Inhaltsstoffe: Sterole, Triterpene, Saponine und Polysaccharide.

Cordyceps stärkt die Niere und fördert die Gesundheit von Lunge und Gefäßen.

Maitake ist vor allem für seine Fähigkeit bekannt, krebserregende Stoffe auszuschalten. Er

schützt die Leber, unterstützt die Verdauung und bekämpft bakterielle sowie virale Infektionen.

Reishi reguliert die Immunfunktion und gilt als Lebensverlängerer. Er hilft dem Körper, in Balance zu bleiben.

Kakao

Rohes, nährstoffreiches ungesüßtes Kakaopulver unterscheidet sich stark von handelsüblichem Kakao, der viel Zucker und weniger Antioxidantien enthält. Kakao wird aus den Bohnen der Kakaofrüchte gewonnen. Er ist reich an Antioxidantien und Mineralien wie Magnesium, Eisen, Chrom, Mangan, Zink und Kupfer. Kakao zählt zu den besten Lieferanten von Magnesium, das Muskelentspannung, Stressabbau und Entspannung von Herz und Herz-Kreislauf-System fördert. Kakao enthält auch die Aminosäure Tryptophan, die Entspannung und einen gesunden Schlaf fördert, sowie Phenylethylamin (PEA), das sich positiv auf die Stimmung auswirkt. Kaufen Sie rohes Kakaopulver, das milder im Geschmack ist als handelsübliches Kakaopulver, sowie Kakao-Nibs (Bruchstücke), die leicht bitter sind und intensiv nach Schokolade schmecken.

Kokoswasser

Süßes Kokoswasser dient als erfrischende Zutat in Säften und Smoothies und ist reich an wertvollen Elektrolyten. Man kann es im Tetra-Pack kaufen.

Saaten

Viele Saaten besitzen eine enorme Fülle an lebenswichtigen Nährstoffen wie Proteine, Fette, Mineralien und Ballaststoffe. Durch Zugabe von Saaten oder einer entsprechenden Butter daraus können Sie Getränke eindicken und ihnen eine cremige Textur verleihen. Legen Sie sich einen breiten Vorrat an Saaten zu. Neben den unten angeführten Super-

Saaten sollten in Ihrer Küche auch nährstoffreiche Samen wie Sonnenblumen- und Kürbiskerne sowie Sesamsamen nicht fehlen.

Chia Die winzigen schwarzen Chia-Samen sind ein hervorragendes Sättigungsmittel. Sie werden wegen ihres erstaunlich hohen Gehalts an Omega-3-Fettsäuren geschätzt, die die Gehirnfunktion unterstützen, entzündungshemmend wirken, das Herz-Kreislaufsystem unterstützen und als Schönheitsmittel wirken. Daneben sind die Chia-Samen reich an Antioxidantien, die die empfindlichen Omega-3-Fette schützen. Aufgrund ihres hohen Gehalts an löslichen Ballaststoffen nehmen sie Wasser direkt auf und verdicken sich zu einem Gelee. Diese Eigenschaft fördert die Verdauung, und da die Samen im Magen aufquellen, sorgen sie für ein Sättigungsgefühl und eignen sich zur Gewichtsreduktion und Entschlackung. In gerade einmal 30 g Chia-Samen sind fast 20 Prozent des täglichen Kalziumbedarfs sowie 4 g Protein und 11 g Ballaststoffe enthalten. Man kann ganze Samen (schwarz oder weiß), geschrotete Samen oder geschrotete Keimlinge kaufen. Der hohe Anteil an Omega-3-Fettsäuren wird leicht durch Wärme und Licht zerstört, daher sollte man die Samen im Kühlschrank aufbewahren.

Hanfsamen und ihr Öl sind eine gute Quelle von essentiellen Fettsäuren. Linolsäure, die Omega-6-Fettsäure, macht etwa zwei Drittel der in Hanfsamen vorkommenden essentiellen Fettsäuren aus. Das andere Drittel fällt auf die Omega-3-Fettsäure alpha-Linolensäure (ALA), die die Grundlage für die Produktion aller anderen Omega-3-Fettsäuren im Körper bildet. Hanf ist ein wahres Superfood, da er alle 20 Aminosäuren, darunter die essentiellen Aminosäuren, enthält. Somit ist Hanf ein optimaler Proteinlieferant für Vegetarier und Veganer. Er besitzt eine Fülle von Nährstoffen, darunter B-Vitamine,

Vitamin E, Karotin, Kalzium und Magnesium. Zudem liefert er lösliche Ballaststoffe, die den Appetit zügeln und Hungerattacken eindämmen. Hanf hat einen milden, nussigen Geschmack. Kaufen Sie geschälte oder ganze Samen und Hanföl. Ferner ist Hanfproteinpulver erhältlich. Wie andere Samen, die reich an essentiellen Fetten sind, sollte man Hanfsamen im Kühlschrank aufbewahren.

Leinsamen sind ein wertvoller Lieferant von essentiellen Omega-3-, 6- und 9-Fettsäuren und eine der besten Quellen von Lignanen, die als Antioxidantien und Phytoöstrogene wirken und somit den Hormonhaushalt ausgleichen. Aufgrund des hohen Gehalts an Antioxidantien und Ballaststoffen liefert er einen wertvollen Beitrag bei der Stabilisierung des Blutzuckers und somit bei der Kontrolle des Hungergefühls und der Lust auf Süßes. Die im Leinsamen enthaltenen Schleime quellen im Wasser auf und beruhigen den Verdauungstrakt. Dank seines hohen Anteils an Mangan und Magnesium steigert Leinsamen die körperliche Ausdauer. Mit ihm lassen sich Säfte und Smoothies eindicken. Kaufen Sie ganze oder geschrotete Leinsamen oder Öl.

Seetange

Seetange wie Kombu, Wakame, Arame und Nori enthalten eine Fülle von Nährstoffen, die auf unserem Speiseplan oft fehlen. Ein Esslöffel getrockneter Seetang enthält zwischen 0,5 mg und 3 mg Eisen sowie Vitamin C, das die Aufnahme von Eisen steigert. Seetange sind reich an Jod, das unerlässlich für die Funktion der Schilddrüse und den Stoffwechsel ist. Daneben besitzen sie entzündungshemmende und anti-virale Eigenschaften. Achten Sie beim Kauf von Seetang darauf, dass er aus zertifizierten sauberen Wasserquellen stammt und nach Möglichkeit Bio-Qualität hat. Kaufen Sie Seetang als Pulver, Granulat oder Flocken bzw. Nori in Blattform.

Super-Kräuter

Neben den hier angeführten Heilkräutern gibt es noch jede Menge andere Kräuter mit adaptogenen Eigenschaften, die der Unterstützung der Nebennieren oder als Energietonikum dienen. Dazu gehören Süßholz, Astragalus, Rhodiola, Ashwagandha und Jiaogulan. Als weitere Heiltees, die gut für die Verdauung und Entschlackung sind, bieten sich Brennnessel und Löwenzahn an. Man kann die Kräuter als Pulver, Tee, Tinktur, Extrakt oder Sirup kaufen.

Aloe vera Zu den zahllosen Nutzen der Aloe gehören ihre entzündungshemmende und immunmodulierende sowie krebshemmende Wirkung. Sie fördert die Gesundheit des Verdauungstrakts, beruhigt den Darm und verbessert die Verdauung von Nährstoffen. Zudem begünstigt sie die Vermehrung nützlicher Darmbakterien, indem sie ein entsprechendes Milieu schafft und die Säure reduziert und die Funktion der Verdauungsenzyme fördert. Aloe vera wirkt reinigend und sorgt für eine strahlende Haut, unterstützt das Immunsystem, bekämpft Mikroben- und Virusinfektionen und kann bei Menstruationsbeschwerden helfen. Man kann Saft und Gel zur inneren Anwendung kaufen und den Säften und Smoothies beimengen – da sie aus dem Blattextrakt hergestellt werden, haben sie keine abführende Wirkung.

Cissus quadrangularis sorgt für gesunde Knochen, fördert die Verdauung, hilft gegen Menstruations- und Atembeschwerden und hemmt ein Übermaß am Stresshormon Cortisol. Man kann Cissus quadrangularis als Pulver oder Tinktur kaufen.

Echinacea unterstützt die Immunfunktion und wird gerne für die Behandlung und Prävention von Infektionen der oberen Atemwege, Erkältungen und grippalen Infekten eingesetzt. Man kann Echinacea als Tinktur, Pulver oder Tee kaufen.

Ginseng Erzeugnisse aus Ginseng werden oft eingesetzt, um den Körper vor den täglichen Belastungen zu schützen. Er wird gerne zur Verbesserung der körperlichen und geistigen Leistungsfähigkeit verwendet. Seine Eigenschaften scheinen auf ein Reihe von Verbindungen wie Ginsenosiden, Saponinen, Phytosterolen, Peptiden, Polysacchariden und Fettsäuren sowie Vitamine und Mineralien zurückzuführen zu sein. Es gibt verschiedene Arten von Ginseng, deren genaue Wirkung von der Art und Menge der in ihnen vorhandenen Ginsenoside abhängt. Sie sollen die Immunfunktion stärken, Entzündungen lindern, die Insulinsensitivität verbessern und den Körper vor Nervenschädigungen schützen. Zudem werden ihnen krebshemmende Eigenschaften nachgesagt. *Panax*-Ginseng wird aufgrund seiner stressabbauenden Wirkung geschätzt. Amerikanischer Ginseng dient der Verbesserung der Blutzuckerwerte oder der Befeuchtung des Körpers und schafft Abhilfe bei trockenem Husten. Sibirischer Ginseng ist ein tolles Energie- und Bluttonikum und mildert Stresssymptome. Kaufen Sie Ginseng als Pulver, Tinktur oder Tee.

He shou wu wird in der chinesischen Kräuterheilkunde weithin eingesetzt, um ein vorzeitiges Altern zu verhindern, indem die Nieren- und Leberfunktionen angeregt, das Blut angereichert und die Muskeln, Sehnen und Knochen gestärkt werden. Die Pflanze dient auch als Aphrodisiakum, vermehrt die Spermienzahl und stärkt Spermien und Eizellen. Sie ist reich an Zink und Eisen. Kaufen Sie die Pflanze als Pulver und Tee.

Kurkuma ist ein Gewürz, dessen gesundheitlicher Nutzen auf dem entzündungshemmenden und antioxidativen Wirkstoff Curcumin beruht. Es gibt zahlreiche Studien über seine Wirkung bei Autoimmunerkrankungen und Entzündungen, etwa entzündlichen Darmerkrankungen, bei rheumatoider

Arthritis, bei der Krebsprävention und zur Verhinderung des Abbaus kognitiver Fähigkeiten, darunter Alzheimer. Curcumin unterstützt zudem die Leber und verringert das kardiovaskuläre Risiko. Der Wirkstoff wird in Kombination mit etwas schwarzem Pfeffer und Fett besser aufgenommen. Kaufen Sie die frische Wurzel oder gemahlene Kurkuma.

Mariendistel fördert die Gesundheit und Funktion der Leber. Sie kann den Gallenfluss anregen (der Fette emulgiert und Abfallstoffe aus dem Körper ausscheidet). Studien haben gezeigt, dass die Mariendistel die Leber vor schädlichen Einflüssen verschiedener Giftstoffe schützen kann, zum Teil, weil sie ein wirksames Antioxidans ist. Daneben dient sie der Entschlackung. Kaufen Sie die Pflanze als Tinktur oder Tee.

Shatavari ist eine Art wilder Spargel, der seit Jahrhunderten zur Förderung der Gesundheit von Frauen eingesetzt wird. Er gilt als das wichtigste Superkraut für Frauen und wird traditionell dazu verwendet, um die Fruchtbarkeit zu steigern, Begleiterscheinungen der Wechseljahre zu lindern und gesunde Östrogene im weiblichen Körper zu produzieren. Kaufen Sie es als Pulver, Tinktur oder Tee.

Sonnentau wird zur Steigerung der Energie in Leber und Nieren sowie zur Unterstützung des Gedächtnisses und der sexuellen Gesundheit eingesetzt und kann als Pulver, Tee und Tinktur gekauft werden.

Weitere Nährstoffe

Colostrum ist die erste Milch, die von Säugetieren als Nahrung für neugeborenen Nachwuchs produziert wird. Es ist die konzentrierteste Quelle von biologisch wirksamen Bestandteilen, die in der Natur vorkommt. Colostrum enthält über 80 Prozent der biowirksamen Bestandteile, die im Knochenmark und Kreislaufsystem produziert werden. Es gibt über 90 bekannte nützliche Bestandteile in Kuh-Colostrum, darunter Immunoglobuline, Lactoferrin, Transferrin, Insulinähnlicher Wachstumsfaktor, fettlösliche Vitamine (A, D, E und K) und Protein. Colostrum wird häufig zur Unterstützung des Immunsystems und der Verdauung sowie zur Förderung der Heilung und Erholung nach sportlicher Aktivität, Krankheit und operativen Eingriffen eingesetzt. Man kann Colostrum als Pulver kaufen.

Glutamin ist eine Aminosäure (ein Baustein der Proteine), die in den Körpermuskeln auftritt. Während der Körper unter normalen Umständen für den täglichen Bedarf selbst genügend produzieren kann, muss bei körperlichem Stress wie nach einer Operation und während der Wundheilung, bei Krebs, körperlicher Anstrengung und Verbrennungen mitunter Glutamin zugeführt werden. Eine Nahrungsergänzung kann daher von Vorteil sein. Glutamin fördert einen gesunden Verdauungstrakt, stärkt das Immunsystem, wirkt Infektionen entgegen und kann das Verlangen nach Süßem reduzieren. Es fördert den Heilungsprozess und bietet die optimale Unterstützung für Sportler. Stress und Krankheit können zum Verlust von Muskelmasse führen, wenn nicht genügend Glutamin vorhanden ist, daher wirkt sich eine Nahrungsergänzung positiv aus. Man kann Glutamin als Pulver kaufen.

Kollagen Das im menschlichen Körper am häufigsten vorkommende Protein findet sich in der Haut, den Knochen, den Bändern, Knorpeln, Zähnen und Muskeln. Es ist essentiell für die Gesundheit der Knochen und für den Aufbau der Knochenmatrix. Eine Nahrungsergänzung durch Kollagen bringt folgenden gesundheitlichen Nutzen: Förderung der Gesundheit von Darm und Gelenken, klarerer Hautteint, Linderung von Entzündungen, Stärkung brüchiger Nägel und volleres Haar, elastischeres Bindegewebe, Verbesserung der Durchblutung und Förderung der Wundheilung. Hydrolysiertes Kollagen ist eine vorverdaute Form von Kollagen, die leichter absorbiert wird. Man kann Kollagen als Pulver oder in flüssiger Form kaufen.

MSM (Methylsulfonylmethan) ist eine natürlich vorkommende Schwefelverbindung, die normalerweise in kleinen Mengen im menschlichen Körper und in vielen Nahrungsmitteln vorhanden ist, durch die industrielle Nahrungsmittelverarbeitung aber rasch abgebaut wird oder verloren geht. MSM stärkt Haut, Haare, Nägel und Gelenke und lindert arthritische Leiden. Man kann MSM als Pulver kaufen.

Probiotika Nützliche Bakterien (Probiotika) kommen von Natur aus im Darm vor und sind wegen ihrer Rolle bei der Verdauung und Absorption von Nahrung unerlässlich für unsere Gesundheit. Sie synthetisieren wirksam die essentiellen Vitamine K_2 und die B-Vitamine. Sie hemmen die Ansiedlung schädlicher Mikroben und helfen dabei, die Gesundheit unseres Immunsystems zu regulieren und Entzündungen zu lindern. Nützliche Bakterien werden leicht durch Stress, die Einnahme von Medikamenten und eine schlechte Ernährung dezimiert. Probiotische Pulver sind ein probates Mittel, um die Anzahl der gesunden Bakterien zu steigern. Probiotika sind als Pulver erhältlich.

Proteinpulver Sie eignen sich hervorragend, um den Proteingehalt von Getränken zu erhöhen und somit den Blutzucker zu stabilisieren. Daneben fördern sie die Gesundheit des Immunsystems, begünstigen das Wachstum und die Heilung von Gewebe und sorgen für eine gesunde Körperzusammensetzung. Ein proteinreicher Smoothie kann als Ersatz für eine Mahlzeit dienen. Proteinpulver wird auch zur Steigerung der Trainingserfolge und zur Heilung nach operativen Eingriffen sowie bei Appetitmangel nach Krankheit oder im Rahmen einer Chemotherapie eingesetzt. Die Qualität von Proteinpulver kann enorm schwanken. Kaufen Sie ein hochwertiges Produkt ohne Füll-, Zusatz- und Süßstoffe. Obwohl Molkenprotein eine gute bioverfügbare Quelle von Aminosäuren und anderen gesundheitsfördernden Stoffen ist, haben viele Menschen Probleme mit der Verdauung von Milchprodukten. Andere Formen wie Erbsenprotein, Reis, Hanf und Superfood-Mischungen sind mitunter besser geeignet und ohne Weiteres erhältlich. Sind sie aromatisiert, wählen Sie nur natürliche Geschmacksrichtungen, am besten in Bio-Qualität.

Shilajit ist eine Mineralstoffergänzung, die in der ayurvedischen Medizin Anwendung findet. Es wird aus braunem Harz oder Teer gewonnen, die aus Gebirgsgestein austreten. Shilajit enthält sämtliche organische und ionische Mineralstoffe und Spurenelemente sowie Huminsäure, die ein effizienter antiviraler Wirkstoff ist, und Fulvinsäure, die entgiftend wirkt. Man kann Shilajit als Pulver kaufen.

Tocotrienole Sie werden meist aus Reiskleie gewonnen und bieten eine natürliche konzentrierte Quelle von bioverfügbarem Vitamin E plus anderen Nährstoffen und pflanzenbasierten Fetten. Tocotrienole sind reich an Antioxidantien, B-Vitaminen sowie Kalzium, Kalium, Magnesium, Phosphor, Eisen, Zink, Kupfer und Jod. Sie sind als Pulver erhältlich.

ERSATZPRODUKTE

Zwar sind einige Superfoods mitunter relativ teuer, doch reichen sie lange aus, da für die meisten Rezepte weniger als ein Teelöffel benötigt wird. Sie können auch die eine oder andere Zutat weglassen – das wird dem köstlichen Geschmack und dem Nährstoffgehalt des Getränks keinen Abbruch tun, da alle Zutaten aufgrund ihrer nützlichen Eigenschaften ausgewählt wurden. In den Rezepten werden Ihnen Alternativen zu den weniger gängigen

Zutaten vorgeschlagen, Sie können auch folgende Ersetzungen vornehmen: Anstelle von Chlorella und Spirulina können Sie Superfood-Mischungen, Weizengras-Pulver oder Moringa-Pulver verwenden. Getrocknete Maulbeeren, Andenbeeren oder Goji-Beeren lassen sich durch Rosinen, getrocknete Kirschen oder getrocknete Cranberrys ersetzen; Macadamia-Nüsse durch Cashewkerne.

GESUNDES FÜR DIE VORRATSKAMMER

Neben den Superfoods und den unten angeführten Pflanzenmilchsorten empfiehlt es sich, einige gesunde Nahrungsmittel auf Vorrat zu halten, mit denen Sie Ihre Getränke noch köstlicher und nahrhafter machen können. Dazu gehören:

Getrocknete Früchte Datteln, Aprikosen, Pflaumen, Feigen etc. machen Smoothies süßer.

Hefeflocken Mit einem Löffel Hefeflocken verleihen Sie Säften und Smoothies einen salzigen, Käse ähnlichen Geschmack. Sie sind reich an B-Vitaminen, Mineralien und Protein.

Himalayasalz Eine Prise dieses Salzes peppt Smoothies auf und liefert Spurenelemente.

Kokosmilch Kokosmilch in der Dose bietet eine üppige und nahrhafte Basis für Getränke.

Kräuter und Gewürze Frische Kräuter sind eine köstliche und nährstoffreiche Ergänzung zu Säften und Smoothies mit medizinischer Wirkung. Am besten pflanzen Sie Petersilie und Minze zu Hause im Topf. Ingwerwurzel, Knoblauch und Chilischoten sowie gemahlener Zimt und Kurkuma sind frisch im Handel erhältlich.

Natürliche Süßstoffe Die meisten Rezepte in diesem Buch verzichten auf zusätzliche Süßstoffe, doch vielleicht möchten Sie ja eine Palette an gesünderen natürlichen Alternativen zur Auswahl haben. Neben Manuka-Honig, Blütenpollen und Lucuma haben Xylit, Kokosblütenzucker, Kokossirup oder Stevia einen niedrigeren glykämischen Index als Rohrzucker und stören somit den Blutzuckerspiegel nicht so stark.

Nüsse, Samen und deren Butter Nüsse und Samen können Sie auf Vorrat kaufen und in luftdichten Behältern im Kühl- oder Gefrierschrank aufbewahren. Geöffnete Butterpackungen im Kühlschrank lagern.

Tiefkühlobst und -gemüse Neben frischer Ware sind Tiefkühlobst und -gemüse eine kostengünstige Option für Smoothies.

Zichorien- oder Löwenzahnkaffee stellen gesunde Alternativen zu üblichem Kaffee dar.

MILCHVARIANTEN, FERMENTIERTE GETRÄNKE UND NAHRHAFTE EISWÜRFEL

Boosten Sie Ihre Getränke mithilfe von gesunden Flüssigkeiten und Eiswürfeln.

Pflanzenmilch

Unten finden Sie ein Rezept für Mandelmilch, Sie können aber auch Cashew-, Sonnenblumen- oder Kürbiskerne verwenden. Oder Sie vermischen 2–3 EL Nussbutter mit 750 ml Wasser. Ändern Sie den Geschmack dieses Grundrezepts ab, indem Sie 2 Datteln, etwas Vanilleextrakt oder Gewürze wie Zimt oder ein wenig Kakaopulver hinzufügen.

Grundrezept Nussmilch

160 g Mandeln

Die Mandeln in einer Schüssel mit Wasser bedecken. 4–6 Stunden einweichen, dann abgießen. Die Nüsse in den Standmixer oder die Küchenmaschine mit 750 ml Wasser (oder 500 ml Wasser für eine dickere Milch) geben. Zu einem flüssigen Brei pürieren, durch einen Nussmilchbeutel, ein feinmaschiges Sieb oder ein Mulltuch passieren.

Zur Verdünnung nach Belieben bis zu 250 ml Wasser zugeben. Im Kühlschrank bis zu 3 Tage lagern.

Fermentierte Getränke

Verwenden Sie zur Herstellung von fermentierten Getränken, Kefir und Kombucha keine Utensilien aus Metall, sondern Löffel aus Holz oder Plastik, ein Plastiksieb sowie Schüsseln aus Plastik oder Glas.

Selbstgemachter Kefir

Für Kefir müssen Sie Bio-Milch verwenden. Wählen Sie haltbare Milch oder erhitzen Sie pasteurisierte Milch bis kurz unter den Siedepunkt und lassen Sie sie vor Gebrauch abkühlen.

Milchkefir

1 Säckchen Milchkefir-Körner
1 l haltbare Bio-Vollmilch oder Milchalternativen wie Soja-, Kokos- oder Nussmilch

Die Kefirkörner in einen großen sterilisierten Glasbehälter geben und mit Milch übergießen. Gut umrühren. Deckel aufsetzen, aber nicht verschließen und an einem warmen Ort, vor Sonneneinstrahlung geschützt, mindestens 24 Stunden gären lassen. Durch ein Sieb gießen und die Körner beiseitestellen, dann den Vorgang von Neuem beginnen. Den Kefir im Kühlschrank bis zu 4 Tage aufbewahren. Wenn Sie Kefir regelmäßig mit Kokos-, Nuss- oder Sojamilch zubereiten, legen Sie die Körner zwischen den einzelnen Runden in tierische Milch ein, damit sie nicht absterben.

Wasserkefir

70 g Kristallzucker
1 Säckchen Wasserkefir-Körner
½ Zitrone
1 dünne Scheibe Ingwer, geschält (optional)

750 ml gekochtes und abgekühltes Wasser (oder Kokoswasser) in einen Glasbehälter geben. Den Zucker darin auflösen. Die restlichen Zutaten hinzufügen. Deckel aufsetzen, aber nicht verschließen und bei Raumtemperatur 24–72 Stunden je nach gewünschter Stärke gären lassen. Den Wasserkefir abgießen und in kleinere Behälter füllen. Sofort trinken oder weitere 24 Stunden gären lassen. Die Kefirkörner für eine neue Runde aufbewahren.

Selbstgemachter Kombucha

4–6 Teebeutel oder 1½ EL loser Tee
170 g Kristallzucker der Kokosblütenzucker
1 Packung Kombuchapilz

Die Teebeutel in einen großen sterilisierten Glasbehälter geben und den Zucker hinzufügen. Mit 750 ml kochendem Wasser übergießen. Gut umrühren und das Gemisch auf Raumtemperatur abkühlen lassen. Den Kombuchapilz hinzufügen. Mit einem Mulltuch zudecken und an einem warmen Ort 3–14 Tage stehen lassen. Die Flüssigkeit ist etwas trüber, wenn sie fertig ist. Nach 3 Tagen das Getränk verkosten. Wenn es fruchtig und nicht nach Tee schmeckt, ist es fertig. Ansonsten einen weiteren Tag stehen lassen. Das Gemisch abgießen, aber einen kleinen Teil mit dem Kombuchapilz für die nächste Runde im Behälter lassen. Das Getränk im Kühlschrank bis zu 4 Tage lagern – es wird spritziger, ist aber weiterhin genießbar.

Nahrhafte Eiswürfel

Kokoswasser, Kokosmilch, Pflanzenmilch oder Kräutertees in Eiswürfelbehälter füllen und einfrieren. Die Würfel entnehmen und gebrauchsfertig in Gefriersäcken aufbewahren. Sie brauchen 4–5 Eiswürfel für einen Smoothie oder 8–10 für einen kalten Slush (halb gefrorenes Erfrischungsgetränk).

Ihr Superfood-Detox-Wochenende

Mit diesem Entschlackungs-Wochenende starten Sie effizient in ein neues Ernährungsprogramm mit Superfoods. Das Wochenende steht ganz im Zeichen nährstoffreicher Säfte und Smoothies, die den Körper reinigen und revitalisieren. Um optimale Resultate zu erzielen, stellen Sie Ihre Ernährung in der Woche vor dem Safttag wie folgt um.

Beginnen Sie mindestens ein bis zwei Tage im Voraus mit den Vorbereitungen für das Detox-Wochenende. Reduzieren Sie nach und nach allergene Lebensmittel und Genussmittel wie Koffein, Alkohol, zuckerhaltige Getränke und Speisen, rotes Fleisch, Getreide – insbesondere glutenhaltiges Getreide (Weizen, Gerste, Roggen) – und Milcherzeugnisse (ausgenommen Kefir und Joghurt). Trinken Sie 6–8 Gläser Wasser, Kokoswasser und Kräutertee am Tag. Sagt Ihnen ein Smoothie oder Saft in diesem Buch mehr zu als die hier angeführten, passen Sie den Plan entsprechend an. Hier sind primär Smoothies auf Gemüsebasis zum Mittag- und Abendessen angeführt, da sie den Blutzuckerspiegel tagsüber besser ausgleichen.

Alternativ können Sie einen Saft-bis-zum-Abendessen-Tag einlegen. Dieser umfasst drei Detox-Säfte (zum Frühstück, Mittagessen und am Nachmittag) und dann ein leichtes Abendessen wie pochierter Lachs und gedünstetes Gemüse.

Um den Effekt zu verstärken, gönnen Sie sich eine Massage, Sauna, Gesichts- oder Schönheitsbehandlung. Auch leichte Aktivitäten wie Spaziergänge, Yoga, Schwimmen etc. sind möglich.

Machen Sie diese Kur nicht, wenn Sie schwanger sind. Wenn Sie an einer chronischen Krankheit, an Blutzuckerentgleisungen oder Diabetes leiden oder regelmäßig Medikamente einnehmen müssen, konsultieren Sie vorher Ihren Arzt.

Speiseplan für das Detox-Wochenende

TAG EINS

Nach dem Aufwachen: ein Glas warmes Wasser mit dem Saft von ½ Zitrone

Frühstück: Elektrolytebombe (Seite 54)

Vormittag: ein Glas Wasser, Kokoswasser oder Kräutertee

Mittagessen: Spinat-Mix (Seite 61) und ein Glas Wasser

Nachmittag: ein Glas Wasser oder Kräutertee und Ingwer-Zitronen-Limonade (Seite 32)

Abendessen: Avocado und Grünzeug (Seite 84)

Abend-Drink: Kräutertee, Kokoswasser, selbstgemachte Nussmilch (Seite 21)

TAG ZWEI

Nach dem Aufwachen: ein Glas warmes Wasser mit dem Saft von ½ Zitrone

Frühstück: Chlorophyll-Wunder (Seite 54)

Vormittag: ein Glas Wasser, Kokoswasser oder Kräutertee

Mittagessen: Magnesium-Turbo (Seite 94) und ein Glas Wasser

Nachmittag: Goldmischung (Seite 80)

Abendessen: Kleeblatt-Shake (Seite 124)

Abend-Drink: Kräutertee, Kokoswasser, selbstgemachte Nussmilch (Seite 21)

KAPITEL 1

SÄFTE
AUF FRUCHTBASIS

Morgengruß

Grüner Grapefruit-Smoothie

½ Romana- oder Kochsalat
1 rosa Grapefruit, geschält
1 Apfel
¼ TL MATCHATEE-Pulver

Säuerlich und herb, mit einer unterschwelligen Süße – dieser grüne Saft ist ein fabelhafter Aufwachdrink. Matcha-Grünteepulver verleiht ihm ein Extra an Antioxidantien und macht ihn zum idealen Abnehmgetränk, da Grüntee nachweislich den Stoffwechsel anregt.

Alle Zutaten bis auf den Matcha entsaften. In den Standmixer oder die Küchenmaschine geben und den Matcha hinzufügen, glatt pürieren. Den Saft sofort servieren (siehe Abbildung rechts).

Nährwert pro Portion
Kcal 98 | **Protein** 3,5 g
Kohlenhydrate 19,5 g, davon Zucker: 19,5 g
Fett 0,8 g, davon gesättigte Fettsäuren: 0 g

2 Äpfel
2 Orangen, geschält
1 cm Ingwerwurzel, geschält
5 mm KURKUMAWURZEL oder
   eine große Prise gemahlene KURKUMA
¼ TL CAMU-CAMU-, BAOBAB- oder ACAI-Pulver

Gekaufter Orangensaft kann mit dem Original nicht mithalten. Zaubern Sie sich lieber diesen entzündungshemmenden Mix. Wenn Sie frische Kurkumawurzel haben, geben Sie sie ebenso in den Entsafter, ansonsten mischen Sie Kurkuma-Pulver am Ende unter. Camu-Camu-Pulver ist optimal, um den Vitamin-C-Gehalt zu steigern und das Immunsystem zu unterstützen.

Äpfel, Orangen, Ingwer und Kurkumawurzel (aber nicht die gemahlene Kurkuma) entsaften. In den Standmixer oder die Küchenmaschine geben und gegebenenfalls die gemahlene Kurkuma sowie das Camu-Camu-Pulver hinzufügen, glatt pürieren und sofort servieren.

Nährwert pro Portion
Kcal 182 | **Protein** 5,1 g
Kohlenhydrate 62,5 g, davon Zucker: 34,5 g
Fett 0,4 g, davon gesättigte Fettsäuren: 0 g

Cremiger Revitalisierer

¼ **Ananas, geschält**
1 **Birne**
2 **Stangen Sellerie**
1 **kleine Zitrone, geschält**
1 **cm Ingwerwurzel, geschält**
¼ **TL BAOBAB-Pulver**
½ **TL PROBIOTISCHES Pulver**
1 **TL COLOSTRUM- oder GLUTAMIN-Pulver**

Steigern Sie Ihre Abwehrkräfte mit diesem revitalisierenden Saft. Der Zusatz von Vitamin-C-reichem Baobab-Pulver plus Probiotika und Colostrum fördern das Immunsystem und unterstützen zugleich die Verdauung.

Ananas, Birne, Sellerie, Zitrone und Ingwer entsaften, dann die restlichen Zutaten einrühren. (Alternativ in den Standmixer oder die Küchenmaschine geben und mit den restlichen Zutaten pürieren.) Sofort servieren.

Gesundheitlicher Nutzen
Colostrum ist die erste Milch, die Kühe gleich nach dem Kalben produzieren. Es ist äußerst reich an verjüngenden Nährstoffen: Es stärkt das Immunsystem und besitzt anti-virale, anti-bakaterielle, entzündungshemmende und anti-parasitäre Eigenschaften. Daher ist es hervorragend geeignet für Personen mit Autoimmunerkrankungen, Allergien und Verdauungsbeschwerden. Colostrum wird gerne eingesetzt, um das Immunsystem zu stärken, die Gesundheit des Verdauungssystems zu fördern sowie Gewebe aufzubauen und zu reparieren.

Nährwert pro Portion
Kcal 170 | **Protein** 4,9 g
Kohlenhydrate 58,9 g, davon Zucker: 29,9 g
Fett 0,9 g, davon gesättigte Fettsäuren: 0 g

Blaue Guave

1 Handvoll Pak Choi- oder Spinatblätter
1 Apfel
½ Birne
80 g Heidelbeeren
½ Zitrone, geschält
1 Guave, geschält, oder Guave aus der
   Dose, abgetropft
¼ TL GINSENG-Pulver
KOKOSWASSER, nach Belieben zum
   Verdünnen

Guaven sind süße tropische Früchte mit
hohem Vitamin-C-Gehalt. Sie enthalten
Vitamin A, B-Vitamine sowie Kalium und
ergeben somit einen vitalisierenden Drink
voller Antioxidantien. Ginseng macht den
Saft zur wahren Energiebombe.

Alle Zutaten bis auf Guave, Ginseng-Pulver
und Kokoswasser entsaften. In den Standmixer oder die Küchenmaschine geben,
Guave und Ginseng-Pulver hinzufügen und
glatt pürieren. Den Saft nach Belieben mit
Kokoswasser verdünnen. Sofort servieren.

Nährwert pro Portion
Kcal 106 | **Protein** 2 g
Kohlenhydrate 24,3 g, davon Zucker: 23,8 g
Fett 0,8 g, davon gesättigte Fettsäuren: 0 g

Tropen-Mix

1 Limette, geschält
¼ Ananas, geschält
1 Handvoll Spinat
2 Passionsfrüchte, nur Fruchtfleisch und
   Samen
3 Litschis, geschält und Samen entfernt
1 TL TOCOTRIENOL-PULVER oder
   1 TL CHIA-ÖL

Der Genuss dieses süßen cremigen Saftes
lässt einen von sonnigen Tropenurlauben
träumen, während die Antioxidantien der
Zutaten ihre Arbeit verrichten. Den Kern
der Ananas mitverarbeiten, da er reich am
entzündungshemmenden Enzym Bromelain ist.

Limette, Ananas und Spinat entsaften. In den
Standmixer oder die Küchenmaschine geben,
die restlichen Zutaten hinzufügen und glatt
pürieren. Sofort servieren.

Nährwert pro Portion
Kcal 74 | **Protein** 1,9 g
Kohlenhydrate 16,6 g, davon Zucker: 16,6 g
Fett 0,5 g, davon gesättigte Fettsäuren: 0,1 g

**Ingwer-
Zitronen-
Limonade**

1 Zitrone, geschält
2 Äpfel
1 cm Ingwerwurzel, geschält (optional)
2 EL GOJI-BEEREN
eine Prise Cayennepfeffer
¼ TL CAMU-CAMU-, BAOBAB- oder ACAI-Pulver
1 TL HONIG oder MANUKA-HONIG (optional)
kohlensäurehaltiges Wasser, zum Servieren

Wecken Sie Ihre Lebensgeister am Morgen mit dieser revitalisierenden Limonade.
Goji-Beeren, in denen jede Menge Antioxidantien stecken, schützen die Haut gegen
Sonneneinstrahlung. Cayennepfeffer setzt den Stoffwechsel in Gang, während Zitro-
nensaft für seine verdauungsfördernde und entschlackende Wirkung bekannt ist.
Dieser Drink eignet sich ideal zum Entgiften.

Zitrone, Äpfel und gegebenenfalls Ingwer entsaften. Goji-Beeren hinzufügen und für 30 Mi-
nuten einweichen. Mit den restlichen Zutaten außer dem kohlensäurehaltigen Wasser in den
Standmixer oder die Küchenmaschine geben. Zu einem glatten, goldfarbenen Saft pürieren.
In ein Glas gießen und mit kohlensäurehaltigem Wasser auffüllen. Sofort servieren.

Ⓖ Ⓜ Ⓢ Ⓝ ⓈⒶ Ⓥ

Nährwert pro Portion
Kcal 219 | **Protein** 3,8 g
Kohlenhydrate 70,1 g, davon Zucker: 38,2 g
Fett 2 g, davon gesättigte Fettsäuren: 0 g

Cranberry-Schorle

Orange-Pfirsich-Sanddorn-Slush

2 Handvoll Cranberrys
1 Limette, geschält
2 Orangen, geschält
1 TL HONIG oder MANUKA-HONIG
   (optional)

1 Limette, geschält
2 Orangen, geschält
2 Pfirsiche, entsteint und gewürfelt
1 TL BLÜTENPOLLEN oder ROHHONIG
2 EL SANDDORN-Saft (optional)
4 KOKOS-EISWÜRFEL (Seite 22) oder
   Eiswürfel

Dieser leicht herbe Saft ist mit kohlensäurehaltigem Wasser serviert ein wunderbarer Party-Drink. Cranberrys weisen eine ungewöhnlich hohen Anteil an Proanthocyanidinen – pflanzlichen Antioxidantien – auf und wirken bekanntlich Harnwegsinfektionen entgegen. Zudem besitzen sie stark entzündungshemmende Eigenschaften und reduzieren das Risiko von parodontalen Erkrankungen (Karies).

Gönnen Sie sich an heißen Sommertagen eine Abkühlung mit diesem leichten Saft, der vollgepackt mit verjüngendem Vitamin C und Antioxidantien ist. Sanddornsaft besitzt heilende Eigenschaften und ist aufgrund seines hohen Gehalts an antioxidativen Polyphenolen ein natürliches Verjüngungsmittel.

Cranberrys, Limette und Orangen entsaften, dann gegebenenfalls den Honig einrühren. Sofort servieren.

Limette und Orangen entsaften. In den Standmixer oder die Küchenmaschine geben und Pfirsiche, Blütenpollen und gegebenenfalls Sanddornsaft hinzufügen. Glatt pürieren. Mit Eis zu einem Slush vermischen.

Nährwert pro Portion
Kcal 138 | **Protein** 4,1 g
Kohlenhydrate 31,4 g, davon Zucker: 30,6 g
Fett 0,5 g, davon gesättigte Fettsäuren: 0 g

Nährwert pro Portion
Kcal 144 | **Protein** 4,5 g
Kohlenhydrate 30,6 g, davon Zucker: 29,7 g
Fett 0,5 g, davon gesättigte Fettsäuren: 0,1 g

Pflaumen-Orangen-Smoothie

1 TL KOKOSÖL
3 Pflaumen, entsteint
5 Erdbeeren, geputzt
2 Orangen, geschält
1 Apfel
1 cm Ingwerwurzel, geschält

Die Kombination aus Ingwer, Pflaumen und Erdbeeren verleiht diesem Saft einen üppigen Geschmack. Beide Fruchtsorten sind gute Lieferanten von Vitamin C, das den Körper einschließlich des Gehirns vor freien Radikalen schützt. Kokosöl wiederum nährt Haut und Gehirn. Erdbeeren sind zudem reich an Ellagsäure, die nachweislich Entzündungen lindert und Schutz vor Krebs bietet.

Das Kokosöl in einem kleinen Topf bei niedriger Temperatur zerlassen. Alle Zutaten bis auf das Öl entsaften, dann das Öl einrühren. Sofort servieren.

Nährwert pro Portion
Kcal 196 | **Protein** 3,9 g
Kohlenhydrate 39,9 g, davon Zucker: 38,9 g
Fett 3,5 g, davon gesättigte Fettsäuren: 2,6 g

Heißer Bratapfel

3 Äpfel
½ Limette, geschält
1–2 TL HONIG oder MANUKA-HONIG, nach Geschmack
2 Sternanisfrüchte
1 Zimtstange
1 cm Ingwerwurzel, geschält und in Scheiben geschnitten
½ TL CAMU-CAMU-, BAOBAB- oder ACAI-Pulver
ein paar Tropfen ECHINACEA-Tinktur

Wie geschaffen für kalte Winterabende – ein köstliches Potpourri aus Gewürzen und Honig verleiht diesem Saft einen wohltuenden, aromatischen Geschmack. Dank Echinacea bietet dieser kräftigende Drink zusätzlichen Schutz fürs Immunsystem.

Äpfel und Limette entsaften. Saft in einen Kochtopf gießen und den Honig sowie die Gewürze hinzufügen. Vorsichtig 2 Minuten unter ständigem Rühren erhitzen, dann durch ein Sieb abgießen. Camu-Camu-Pulver und Echinacea einrühren. Sofort servieren.

Nährwert pro Portion
Kcal 143 | **Protein** 2,8 g
Kohlenhydrate 55,1 g, davon Zucker: 27,1 g
Fett 0,3 g, davon gesättigte Fettsäuren: 0 g

Apfel-Zimt-Erfrischer

Ingwer-Melone

3 Äpfel
1½ Limetten, geschält
150 ml kohlensäurehaltiges Wasser
1 TL HONIG, MANUKA-HONIG oder
   Kokossirup
¼ TL gemahlener Zimt
4 Eiswürfel

Kühl und köstlich erfrischend – dieser
spritzige Apfelsaft enthält weniger Zucker
als gekaufter Apfelsaft. Zur Abwechslung
können Sie auch Birnen verwenden.

Äpfel und Limetten entsaften, dann Wasser,
Honig und Zimt einrühren. Auf Eis servieren.

(G) (M) (S) (N) (SA)

Nährwert pro Portion
Kcal 98 | **Protein** 1,1 g
Kohlenhydrate 24 g, davon Zucker: 23,6 g
Fett 0,3 g, davon gesättigte Fettsäuren: 0 g

¼ **Wassermelone**
¼ **Cantaloupe-Melone**
1 cm **Ingwerwurzel, geschält**
¼ **TL MACA-Pulver**

Simpel, geschmackvoll und erfrischend –
dieser Saft ist mit etwas Ingwer zur Unterstützung der Verdauung und Linderung
von Sodbrennen verfeinert. Die Wassermelone enthält Lycopen, ein wirksames
entzündungshemmendes Antioxidans, das
die Gesundheit von Herz-Kreislauf-System
und Knochen fördert. Etwas Maca-Pulver
macht aus diesem Saft ein natürliches
Energietonikum, das Stress mildert.

Das Fruchtfleisch beider Melonen von der
Schale befreien. Alle Zutaten bis auf das
Maca-Pulver entsaften, dann das Pulver ein-
rühren. Sofort servieren.

(G) (M) (S) (N) (SA) (ZI) (V)

Nährwert pro Portion
Kcal 110 | **Protein** 2,4 g
Kohlenhydrate 23,1 g, davon Zucker: 22,9 g
Fett 0,9 g, davon gesättigte Fettsäuren: 0,3 g

Aprikosen-Immun-booster

4 Aprikosen, entsteint
4 Karotten
1 Pfirsich, entsteint
1 Orange, geschält
ein paar Tropfen ECHINACEA-Tinktur
¼-½ TL CHAGA-, HEILPILZ- oder MACA-Pulver, nach Geschmack

Gönnen Sie sich diesen Immunstärker an Tagen, an denen Sie sich nicht ganz auf der Höhe fühlen. Dieser leuchtend orangefarbene Saft strotzt nur so vor Vitamin C, Carotinoiden, Kalium und Magnesium, die Sie wieder auf die Beine bringen und Ihre Ausdauer verbessern. Aprikosen liefern Eisen für mehr Lebensenergie, plus Silizium – ein wunderbares Stärkungsmittel für Haut und Haar.

Aprikosen, Karotten, Pfirsich und Orange entsaften, dann Echinacea-Tinktur und Chaga-Pulver einrühren. (Alternativ in den Standmixer oder die Küchenmaschine geben und mit Echinacea-Tinktur und Chaga-Pulver pürieren.) Sofort servieren.

Gesundheitlicher Nutzen
Chaga-Pulver und Heilpilze sind wirksame Anti-Aging und immunstärkende Superfoods. Neben ihrer krebshemmenden Wirkung sind sie reich an wichtigen sekundären Pflanzenstoffen, Nährstoffen und schützenden Antioxidantien, darunter Melanin, einem Pigment, das in der Haut und Netzhaut vorkommt.

(G) (M) (S) (N) (SA) (V)

Nährwert pro Portion
Kcal 159 | **Protein** 4,2 g
Kohlenhydrate 36,5 g, davon Zucker: 34,2 g
Fett 0,7 g, davon gesättigte Fettsäuren: 0,1 g

Sauer macht lustig

5 Erdbeeren, geputzt
60 g Himbeeren
1 rosa Grapefruit, geschält
¼ Papaya, geschält und Samen entfernt
½ TL BAOBAB-Pulver

Mit seiner Fülle an Antioxidantien bietet dieser peppige Saft den perfekten Start in den Tag. Rosa Grapefruits sind eine hervorragende Quelle von Lycopin, einem wirksamen Antioxidans, das sich als besonders effizient im Kampf gegen Prostatakrebs erwiesen hat. Grapefruits enthalten zudem Limonoide: wirksame Stoffe, die die Ausbreitung von kanzerogenen Zellen verhindern können. Papayas sind reich an Papain, einem Verdauungsenzym, das für seine entzündungshemmenden Eigenschaften bekannt ist.

Erdbeeren, Himbeeren und Grapefruit entsaften. In den Standmixer oder die Küchenmaschine geben und die restlichen Zutaten hinzufügen. Glatt pürieren. Sofort servieren.

Nährwert pro Portion
Kcal 102 | **Protein** 3,8 g
Kohlenhydrate 31,9 g, davon Zucker: 16,4 g
Fett 0,4 g, davon gesättigte Fettsäuren: 0,1 g

Beeren-Kombucha

1 kleine Handvoll Heidelbeeren
5 Erdbeeren, geputzt
2 Handvoll rote Trauben
1 Apfel
60 ml KOMBUCHA (Seite 22) oder WASSERKEFIR (Seite 22)
½ TL CAMU-CAMU-, BAOBAB- oder ACAI-PULVER

In Beeren stecken jede Menge Anthocyane und Phenole, sie sind reich an Nährstoffen und die perfekte Anti-Aging-Nahrung. Rote Trauben liefern das Polyphenol Resveratrol, das den Körper und besonders die Haut nachweislich vor Schäden durch freie Radikale schützt. Dieser Saft eignet sich hervorragend, um die Haut zu beleben und das Immunsystem zu stärken.

Heidelbeeren, Erdbeeren, Trauben und Apfel entsaften, dann Kombucha und Camu-Camu-Pulver einrühren. Sofort servieren.

(G) (M) (S) (N) (SA) (ZI) (V)

Nährwert pro Portion
Kcal 165 | **Protein** 3,2 g
Kohlenhydrate 60,3 g, davon Zucker: 32,3 g
Fett 0,3 g, davon gesättigte Fettsäuren: 0 g

Erdbeer-Fizz

12 Erdbeeren, geputzt
1 Limette, geschält
2 Äpfel
1 GRANATAPFEL
60 ml WASSERKEFIR oder KOKOS-KEFIR
   (Seite 22) oder kohlensäurehaltiges
   Wasser mit ¼ TL PROBIOTISCHEM
   Pulver

Dieser wunderschön purpurfarbene Saft
ist erfrischend und ideal zur Stärkung
des Verdauungssystems – besonders weil
er auch darmfreundlichen Kefir enthält.
Haben Sie keinen Kefir zur Verfügung,
verdünnen Sie den Saft einfach mit kohlensäurehaltigem Wasser und etwas Probiotischem Pulver.

Erdbeeren, Limette und Äpfel entsaften.
Granatapfel halbieren und den Saft in eine
Schüssel pressen. Granatapfelsaft und Was-
serkefir in die Erdbeer-Mischung einrühren.
Sofort servieren.

Nährwert pro Portion
Kcal 138 | **Protein** 2,2 g
Kohlenhydrate 33,1 g, davon Zucker: 31,6 g
Fett 0,4 g, davon gesättigte Fettsäuren: 0 g

Beeren-Pfirsich-Sommer-traum

2 Handvoll Himbeeren
2 Pfirsiche, entsteint
1 Limette, geschält
1 Apfel
½ TL CHIA-SAMEN
½ TL MAQUI- oder ACAI-Pulver
5 KOKOS-EISWÜRFEL (Seite 22) oder
   Eiswürfel

Dieser fruchtige Sommerdrink vereint den
wunderbaren Geschmack von Himbeeren
und Pfirsichen. Chia-Samen verleihen dem
Saft eine dickflüssigere Konsistenz und
liefern essentielle Omega-3-Fettsäuren
sowie Protein und Kalzium.

Alle Zutaten außer Chia-Samen, Maqui-Pulver
und Eis entsaften. Mit den restlichen Zutaten
im Standmixer oder in der Küchenmaschine
zu einem Slush vermischen. Sofort servieren.

Nährwert pro Portion
Kcal 129 | **Protein** 3,8 g
Kohlenhydrate 24,3 g, davon Zucker: 23,1 g
Fett 1,9 g, davon gesättigte Fettsäuren: 0,2 g

Acai-Beeren-Erfrischer

¼ **Wassermelone**
100 g **Erdbeeren, geputzt**
½ **TL ACAI-Pulver**
¼ **TL BAOBAB-Pulver**
1 **EL GETROCKNETE MAULBEEREN, ANDENBEEREN oder GOJI-BEEREN**
60 ml **KOMBUCHA (Seite 22)**

Dieser Saft ist ein erfrischender Immunstärker. Zudem ist er eine Wohltat für den Darm und besticht durch eine Fülle von Antioxidantien. Die Maulbeeren verleihen ihm eine sämigere Konsistenz, während Baobab-Pulver für ein leichtes Zitronen-aroma sorgt.

Die Wassermelone schälen und das Fruchtfleisch mit Kernen und den Erdbeeren entsaften. In den Standmixer oder die Küchenmaschine geben, die restlichen Zutaten hinzufügen und glatt pürieren. Sofort servieren.

Gesundheitlicher Nutzen
Süße Maulbeeren sind ein idealer Verjüngungssnack für den Körper. Jede Beere enthält eine breite Palette an Nährstoffen, insbesondere Eisen, Kalzium, Vitamin C und jede Menge Anti-Aging-Antioxidantien, darunter Resveratrol. Schon mit einer Handvoll Maulbeeren zaubern Sie ein gesundes Plus an Ballaststoffen und Protein in jeden Smoothie.

Nährwert pro Portion
Kcal 158 | **Protein** 2,2 g
Kohlenhydrate 35,1 g, davon Zucker: 33 g
Fett 2 g, davon gesättigte Fettsäuren: 0,4 g

Süßes Grünzeug

1 große Handvoll grüne Trauben
1 Birne
1 Limette, geschält
1 Handvoll Spinat
½ Gurke
¼ TL MATCHA-Pulver

Dieser leichte und erfrischende Saft steckt voller Antioxidantien und wirkt feuchtigkeitsspendend und belebend. Matcha enthält 137 Mal so viele Antioxidantien wie herkömmlicher Grüntee. Er ist reich an der Aminosäure L-Theanin und steigert in Kombination mit etwas Koffein die Konzentrationsfähigkeit.

Alle Zutaten bis auf das Matcha-Pulver entsaften, dann den Matcha einrühren. (Alternativ in den Standmixer oder die Küchenmaschine geben und den Matcha untermengen.) Sofort servieren.

Nährwert pro Portion
Kcal 165 | **Protein** 3,7 g
Kohlenhydrate 38,3 g, davon Zucker: 36,3 g
Fett 0,7 g, davon gesättigte Fettsäuren: 0,1 g

Beerentraum in Grün

1 Handvoll Himbeeren
1 Handvoll Erdbeeren, geputzt
1 Handvoll Spinat oder Brunnenkresse
1 Apfel
1 Birne
¼ TL grünes SUPERFOOD-Pulver wie WEIZENGRAS-, GERSTENGRAS- oder SPIRULINA-Pulver

Wenn Sie grünen Säften eigentlich nichts abgewinnen können, könnte vielleicht diese Version mit Beeren etwas für Sie sein – ein belebender Saft voller Antioxidantien und vitalisierender Nährstoffe wie B-Vitamine, Magnesium, Kalium und Eisen. Für einen hellgrünen Saft wählen Sie Weizengras oder Gerstengras. Wenn Sie eine dunklere, proteinhältigere Variante bevorzugen, verwenden Sie Spirulina.

Alle Zutaten bis auf das grüne Superfood-Pulver entsaften, dann Pulver einrühren. Sofort servieren.

Nährwert pro Portion
Kcal 119 | **Protein** 2,4 g
Kohlenhydrate 27,9 g, davon Zucker: 26,5 g
Fett 0,5 g, davon gesättigte Fettsäuren: 0 g

Haut-schützer

½ **Cantaloupe-Melone**
2 **Karotten**
¼–½ **TL BAOBAB-Pulver, nach Geschmack**
1 **EL GOJI-BEEREN**
1 **EL KOLLAGEN-Pulver**

Wenn Sie zu den Sonnenanbetern gehören, gönnen Sie sich diesen Saft als natürlichen Hautschutz. Carotinoidreiche Nahrungsmittel wie Melone und Karotten schützen die Haut vor Schäden durch freie Radikale infolge von Sonneneinstrahlung. Sie enthalten zudem reichlich Vitamin C, das die Haut verjüngt und repariert und die Kollagenproduktion fördert. Da der Körper mit zunehmendem Alter immer geringere Mengen an Kollagen produziert, halten Sie durch Einnahme von Kollagenpulver in Form dieses Drinks Ihre Haut jung und geschmeidig.

Das Fruchtfleisch der Melone von der Schale befreien. Melone und Karotten entsaften. In den Standmixer oder die Küchenmaschine geben, die restlichen Zutaten hinzufügen und glatt pürieren. Sofort servieren.

(G) (M) (S) (N) (SA) (ZI)

Nährwert pro Portion
Kcal 182 | **Protein** 14,7 g
Kohlenhydrate 29 g, davon Zucker: 27,5 g
Fett 1,3 g, davon gesättigte Fettsäuren: 0,1 g

Verdauungs-helfer

½ kleine Ananas, geschält
1 Apfel
1 cm Ingwerwurzel, geschält
1 TL Bio-Apfelessig
1 Zitrone, geschält
1 EL ALOE-VERA-Saft

Bringen Sie Ihre Verdauung mit diesem belebenden Saft in Schwung, den Sie am besten gleich am Morgen trinken. Apfelessig regt die Verdauungssäfte an, Ingwer lindert das Gefühl von Übelkeit und fördert die Verdauung. Biologischer Apfelessig enthält keine Zusatzstoffe; die Kombination aus den in ihm enthaltenen Vitaminen und seinem pH-Wert entgiftet den Körper, beschleunigt den Stoffwechsel und unterstützt die Verdauung.

Alle Zutaten bis auf den Aloe-vera-Saft entsaften, dann den Aloe-vera-Saft einrühren. Sofort servieren.

Nährwert pro Portion
Kcal 139 | **Protein** 1,5 g
Kohlenhydrate 33,9 g, davon Zucker: 32,3 g
Fett 0,7 g, davon gesättigte Fettsäuren: 0 g

Anti-Cellulite-Reiniger

1 rosa Grapefruit, geschält
2 Stangen Sellerie
1 Apfel
125 ml gekühlter BRENNNESSEL-, LÖWENZAHN- oder JIAOGULAN-Tee

Die Grapefruit ist eine natürliche Entschlackungsfrucht und reich an Bioflavonoiden, die die Kapillaren stärken und Cellulite entgegenwirken. Dieser feuchtigkeitsspendende und entschlackende Drink transportiert Giftstoffe aus dem Körper, die im Zusammenhang mit Cellulite stehen. Für dieses Rezept eignet sich jeder beliebige gekühlte Kräutertee, doch zur Anregung der Entschlackung probieren Sie eine Mischung aus Löwenzahn, Brennnessel oder Fenchel. Als Alternative wählen Sie Jiaogulan, das für seine Anti-Aging- und verjüngende Wirkung bekannt ist. Der Saft ist zudem ein nützliches Tonikum gegen Stress.

Alle Zutaten bis auf den Tee entsaften, dann den Tee einrühren. Sofort servieren.

Nährwert pro Portion
Kcal 84 | **Protein** 2 g
Kohlenhydrate 19,3 g, davon Zucker: 18,4 g
Fett 0,3 g, davon gesättigte Fettsäuren: 0 g

Natürlicher Entzündungs- hemmer

¼ **Ananas, geschält**
1 cm **Ingwerwurzel, geschält**
2 große Handvoll **Brombeeren**
1 **Apfel**
½ TL **AMLA-Pulver**
¼ TL gemahlene **KURKUMA**
½ TL **OMEGA-ÖL -MISCHUNG** oder **LEINÖL**
1 TL **COLOSTRUM- oder GLUTAMIN-Pulver**

Eine Fülle an Zutaten mit natürlichen entzündungshemmenden Eigenschaften sowie Superfoods bilden die Grundlage dieses Saftes, der Entzündungen im Körper lindert und Heilungsprozesse unterstützt. Ich empfehle diesen Saft allen, die an einer entzündlichen oder autoimmunen Erkrankung leiden.

Ananas, Ingwer, Brombeeren und Apfel entsaften. In den Standmixer oder die Küchenmaschine geben und die restlichen Zutaten hinzufügen, kurz vermengen. Sofort servieren.

Gesundheitlicher Nutzen
Kurkuma ist ein außergewöhnliches Heilkraut. In Studien wurde ihre erstaunliche Fähigkeit nachgewiesen, Entzündungen zu mindern, die Entschlackung anzuregen und die Funktion der Leber zu unterstützen. Die in Kurkuma enthaltenen Super-Antioxidantien helfen dem Körper dabei, einen eigenen Schutz aufzubauen und können dem Abbau kognitiver Fähigkeiten vorbeugen.

Nährwert pro Portion
Kcal 160 | **Protein** 3,2 g
Kohlenhydrate 29,2 g, davon Zucker: 28,8 g
Fett 3,2 g , davon gesättigte Fettsäuren: 0,2 g

KAPITEL 2

SÄFTE
AUF GEMÜSEBASIS

Chlorophyll-Wunder

1 kleine Handvoll Spinatblätter
1 kleine Handvoll Kohlblätter
1 Birne
1 kleine Zitrone, geschält
½ kleine Fenchelknolle
½ Gurke
¼ TL WEIZENGRAS- oder GERSTENGRAS-
   Pulver

Dieser wunderbar leichte Saft ist vollgepackt mit Nährstoffen, die Ihren Körper
erfrischen und mit Energie versorgen.
Kohl und Spinat sind exzellente Quellen
von Mineralien, darunter Magnesium,
Eisen, Kalium und Kalzium. Ein Supergras
wie Weizen- oder Gerstengras liefert konzentrierte Nährstoffe und Chlorophyll und
macht diesen Saft zu einem ungewöhnlich
alkalisierenden Entschlackungssaft.

Alle Zutaten bis auf das Weizengras entsaften,
dann das Weizengras-Pulver einrühren. Sofort
servieren.

Nährwert pro Portion
Kcal 86 | **Protein** 2,7 g
Kohlenhydrate 17,9 g, davon Zucker: 17,8 g
Fett 0,8 g, davon gesättigte Fettsäuren: 0,1 g

Elektrolyte-bombe

½ Gurke
1 Stange Sellerie
1 Limette, geschält
1 Apfel
1 kleine Handvoll Minzeblätter
2 Handvoll Spinat
60 ml KOKOSWASSER
3 Eiswürfel, zum Servieren (optional)

Dieser feuchtigkeitsspendende Saft enthält
alle Elektrolyte, die unsere Zellen benötigen, um bestmöglich zu funktionieren.
Sellerie ist reich an Natrium und Kalium,
die Gurke wirkt mit ihrem besonders
hohen Wassergehalt erfrischend und küh-
lend. Kokoswasser sorgt für ein optimal
ausgewogenes Verhältnis von Natrium,
Magnesium, Kalium und Kalzium, um
den Körper rasch in Schwung zu bringen.

Alle Zutaten bis auf das Kokoswasser und
gegebenenfalls das Eis entsaften. Das Kokoswasser zugießen und nach Belieben auf
Eiswürfeln servieren.

Nährwert pro Portion
Kcal 60 | **Protein** 2,2 g
Kohlenhydrate 11,4 g, davon Zucker: 9,1 g
Fett 0,6 g, davon gesättigte Fettsäuren: 0 g

Veggie-Entschlacker

2 Karotten
1 Apfel
1 Rote Bete
½–1 Zitrone, nach Geschmack, geschält
¼ Gurke
1 cm Ingwerwurzel, geschält
5 Tropfen MARIENDISTEL-Tinktur

**Rote Bete, die bekannt für ihre Leber
reinigenden Eigenschaften ist, bildet eine
der Schlüsselzutaten in diesem revitalisierenden Saft, der zusätzlich durch Mariendistel aufgepeppt wird. Zitrone, Ingwer,
Gurke und Apfel gleichen den intensiven
Geschmack des Wurzelgemüses perfekt
aus und verleihen dem Saft einen angenehm pikanten Geschmack.**

Alle Zutaten bis auf die Mariendistel-Tinktur
entsaften, dann die Mariendistel einrühren.
Den Saft sofort servieren.

Nährwert pro Portion
Kcal 73 | **Protein** 1,7 g
Kohlenhydrate 15,6 g, davon Zucker: 15,3 g
Fett 0,4 g, davon gesättigte Fettsäuren: 0,1 g

Romana-Zitronen-Twister

1 Romana- oder Kochsalat
1 Handvoll ALFALFAKEIMLINGE
1 große Handvoll grüne Trauben
1 Zitrone, geschält
1 kleine Birne
½ Gurke
¼ TL MSM-Pulver

**Romanasalat ist nicht nur reich an Vita-
min C, sondern enthält auch Vitamin K,
das essentiell für die Gesundheit der
Knochen ist. Alfalfakeimlinge liefern Antioxidantien, Magnesium und Kalzium –
wichtig für gesunde Muskeln und Nerven.
Dieser Saft verleiht Ihnen ein strahlendes
Aussehen. Er enthält Silizium für gesunde
Haut, Haare und Nägel sowie MSM-Pulver
als zusätzliches Schönheitsmittel.**

Alle Zutaten bis auf das MSM-Pulver entsaften, dann das Pulver einrühren. Sofort
servieren.

Nährwert pro Portion
Kcal 122 | **Protein** 2,3 g
Kohlenhydrate 29,6 g, davon Zucker: 29 g
Fett 0,5 g, davon gesättigte Fettsäuren: 0 g

Grüner Zitronen-reiniger

½–1 Zitrone, nach Geschmack, geschält
¼ Ananas, geschält
1 große Handvoll Petersilienblätter und -stängel
1 Apfel
2 Stangen Sellerie
¼ Gurke
¼ TL CHLORELLA- oder SPIRULINA-Pulver
¼ TL WEIZENGRAS-Pulver (optional)

Starten Sie mit diesem erfrischenden Saft schwungvoll in den Tag. Die Kombination aus herber Zitrone, Petersilie und Grünzeug ist ideal, um den Körper im Handumdrehen zu reinigen und mit Feuchtigkeit zu versorgen. Petersilie enthält Folsäure und Eisen – essentiell, damit das Energieniveau den ganzen Tag über aufrechtbleibt. Für ein Plus an Reinigung etwas Weizengras-Pulver hinzufügen.

Alle Zutaten bis auf das Chlorellapulver und gegebenenfalls das Weizengras-Pulver entsaften, dann das Chlorellapulver und nach Wunsch das Weizengras-Pulver einrühren. Sofort servieren.

Gesundheitlicher Nutzen

Die Ansammlung von Giftstoffen kann zu Müdigkeit, Gelenkschmerzen, Verdauungsproblemen und Niedergeschlagenheit führen. Eine der effizientesten Abhilfen dagegen ist die regelmäßige Aufnahme von grünen Algen wie Chlorella. Die für ihre natürliche reinigende Wirkung geschätzte Chlorella kann Schwermetalle und bestimmte Chemikalien wie Pestizide binden und aus dem Körper befördern. Das in ihr enthaltene Chlorophyll reichert den Körper rasch mit Sauerstoff an und fördert somit die Konzentrationsfähigkeit sowie das Immunsystem.

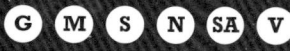

Nährwert pro Portion
Kcal 85 | **Protein** 2,2 g
Kohlenhydrate 17,2 g, davon Zucker: 17 g
Fett 0,6 g, davon gesättigte Fettsäuren: 0 g

Brokkoli-Birne-Slush

2 Handvoll Brokkoliröschen
1 Birne
½ Limette, geschält
½ Gurke
¼ TL MORINGA-, WEIZENGRAS- oder GRÜNE SUPERFOOD-MISCHUNG
8 KOKOS-EISWÜRFEL (Seite 22) oder Eiswürfel

In diesem erfrischenden Saft stecken sämtliche gesundheitlichen Vorteile der Kreuzblütengewächse. Brokkoli ist ein fantastisches Gemüse. Es ist reich an Verbindungen, die die Entschlackung unterstützen, mindert Entzündungen und schützt vor Krebs. Moringa-Pulver kräftigt das Immunsystem des Körpers. Etwas Eis dazu und fertig ist der Slush – Strohhalm hinein und genießen!

Alle Zutaten bis auf das Moringa-Pulver und Eis entsaften, dann in den Standmixer oder die Küchenmaschine geben und Moringa-Pulver sowie Eis hinzufügen. Zu einem Slush vermischen. Sofort servieren.

Nährwert pro Portion
Kcal 96 | **Protein** 4,6 g
Kohlenhydrate 16,5 g , davon Zucker: 16,3 g
Fett 1 g, davon gesättigte Fettsäuren: 0,2 g

Spinat-Mix

1 Handvoll Spinatblätter
1 Kiwi, geschält
1 Apfel
1 Handvoll Heidelbeeren
½ Gurke
1 TL CHIA-SAMEN
⅛–¼ TL SPIRULINA-Pulver, nach
   Geschmack

Die Chia-Samen quillen auf, sobald sie in Flüssigkeit eingeweicht werden, und verleihen somit diesem dunkelgrünen Mix eine breiige Konsistenz. Chia-Samen verbessern nicht nur die Verdauung, sondern sorgen auch für ein langanhaltendes Sättigungsgefühl – ideal, um die Pfunde purzeln zu lassen.

Alle Zutaten bis auf die Chia-Samen und Spirulina entsaften. Chia-Samen und Spirulina hinzufügen und den Saft 5 Minuten stehen lassen. Im Standmixer oder in der Küchenmaschine glatt pürieren. Sofort servieren.

Nährwert pro Portion
Kcal 95 | **Protein** 2,6 g
Kohlenhydrate 17,6 g, davon Zucker: 16,4 g
Fett 1,5 g, davon gesättigte Fettsäuren: 0,1 g

Süßer Kohl

1 große Handvoll Kohlblätter
1 Pfirsich oder Nektarine, entsteint
1 Apfel
½ Gurke
¼ TL BAOBAB- oder CAMU-CAMU-Pulver

Kohl ist ein unglaublich nahrhaft, weil er jede Menge Vitamin K, C, A und B sowie Mineralien wie Kalzium, Magnesium und Eisen enthält. Er ist für seine krebshemmenden Eigenschaften bekannt und enthält viele entzündungshemmende Nährstoffe, darunter Omega-3-Fettsäuren. Baobab-Pulver verleiht diesem Saft ein leichtes Zitrusaroma sowie ein Plus an Vitamin C.

Alle Zutaten bis auf das Baobab-Pulver entsaften, dann das Pulver einrühren. (Alternativ in den Standmixer oder die Küchenmaschine geben und das Pulver untermengen.) Den Saft sofort servieren.

Nährwert pro Portion
Kcal 80 | **Protein** 2,8 g
Kohlenhydrate 27,7 g, davon Zucker: 13,6 g
Fett 0,4 g, davon gesättigte Fettsäuren: 0 g

Grüner Ingwer-Mix

Salat-Shake

2 grüne Äpfel
1 kleine Zucchini
½ Gurke
½ Romana- oder Kochsalat
1 kleine Zitrone, geschält
1 cm Ingwerwurzel, geschält
¼ TL MORINGA-Pulver (optional)

Die ätherischen Öle des frischen Ingwers wirken wunderbar beruhigend auf das Verdauungssystem und mildern Übelkeit sowie Magenverstimmungen. Dieser hellgrüne Saft ist reich an Vitamin C und Beta-Karotin, die die Oxidation von Cholesterin verhindern. Romanasalat ist eine gute Quelle von B-Vitaminen, darunter Folsäure, die die Gesundheit des Herz-Kreislauf-Systems unterstützen und das Energielevel fördern. Mit etwas Moringa-Pulver können Sie diesen Saft noch verfeinern.

Alles Zutaten außer gegebenenfalls das Moringa-Pulver entsaften, dann das Pulver einrühren. Den Saft sofort servieren (siehe Abbildung rechts).

Ⓖ Ⓜ Ⓢ Ⓝ ⓈⒶ Ⓥ

Nährwert pro Portion
Kcal 94 | **Protein** 2,8 g
Kohlenhydrate 18,3 g, davon Zucker: 18 g
Fett 0,7 g, davon gesättigte Fettsäuren: 0,1 g

2 große Tomaten
2 kleine Stangen Sellerie
¼ Gurke
½ rote Paprikaschote, Samen und Trennwände entfernt
1 kleine Handvoll Petersilienblätter und Stängel
2 TL Hefeflocken
1¼ TL HEILPILZ-, CHAGA- oder MACA-Pulver
¼ TL SEETANG-Granulat oder NORI-BLATT, zerbröselt
Himalayasalz oder Meersalz, nach Geschmack (optional)

Genießen Sie den Geschmack von frischem Salat im Glas. Dieser belebende und feuchtigkeitsspendende Saft vereint das salzige Aroma von Sellerie mit der Süße von Tomaten und roter Paprika.

Alle Zutaten außer Hefeflocken, Heilpilzpulver, Seetang und gegebenenfalls Salz entsaften. In den Standmixer oder die Küchenmaschine geben und die restlichen Zutaten hinzufügen. Glatt pürieren.

Ⓖ Ⓜ Ⓢ Ⓝ ⓈⒶ Ⓩ Ⓥ

Nährwert pro Portion
Kcal 74 | **Protein** 5,3 g
Kohlenhydrate 10,6 g, davon Zucker: 8,4 g
Fett 1,1 g, davon gesättigte Fettsäuren: 0,2 g

Verdauungshelfer

½ kleine Fenchelknolle
1 kleine Handvoll **ALFALFAKEIMLINGE**
5 Minzeblätter
1 Apfel
1 Limette, geschält
½ Gurke
¼ TL **PROBIOTISCHES** Pulver

Wenn Ihr Verdauungssystem ein wenig Unterstützung braucht, greifen Sie doch zu diesem wohltuenden grünen Saft. Fenchel enthält Anethol, ein ätherisches Öl, das die Sekretion von Verdauungs- und Magensäften anregt, somit Entzündungen des Magens und Darms mindert und die Verdauung fördert. Minze verleiht diesem Saft ein erfrischendes Aroma. Sie lindert Muskelkrämpfe, Blähungen und Unterleibskrämpfe.

Alle Zutaten außer das Pulver entsaften. Das Pulver einrühren und sofort servieren.

Nährwert pro Portion
Kcal 50 | **Protein** 1,7 g
Kohlenhydrate 9,5 g, davon Zucker: 9,4 g
Fett 0,4 g, davon gesättigte Fettsäuren: 0 g

Magenfreund

100 g Grünkohl
1 Birne
1 Apfel
1 Stange Sellerie
½ Gurke
¼ TL **CAMU-CAMU-, BAOBAB-** oder **ACAI-**Pulver
¼ TL **PROBIOTISCHES** Pulver

Kohlsaft kann bekanntlich Magengeschwüre heilen und den Verdauungstrakt beruhigen. Diese Wirkung beruht wohl auf einer Reihe von verdauungsfreundlichen Stoffen, darunter Glucosinolate, Polyphenole und die Aminosäuren ähnliche Substanz namens Glutamin. Probiotisches Pulver unterstützt das Verdauungssystem zusätzlich, während Camu-Camu-Pulver für ein Plus an Vitamin C sorgt.

Alle Zutaten bis auf das Camu-Camu- und Probiotische Pulver entsaften. Die Pulver einrühren, sofort servieren.

Nährwert pro Portion
Kcal 106 | **Protein** 3,7 g
Kohlenhydrate 32,7 g, davon Zucker: 18,6 g
Fett 0,7 g, davon gesättigte Fettsäuren: 0,1 g

Entzündungs-hemmer

2 Karotten
¼ Ananas, geschält
½ Zitrone, geschält
1 cm Ingwerwurzel, geschält (optional)
¼ reife Mango, gewürfelt
¼ TL gemahlene KURKUMA
½ TL LEINÖL
¼ TL BLÜTENPOLLEN oder HONIG, plus mehr zum Servieren

Dieser intensiv orange-gelbe Orangensaft strotzt nur so vor entzündungshemmenden Nährstoffen. Ananas ist reich an Bromelain, einem Verdauungsenzym, das Entzündungen mindert, während Kurkuma jede Menge Curcumin liefert, der für seine entzündungshemmenden Eigenschaften bekannt ist. Ein wenig omega-fettsäurereiches Leinöl und Blütenpollen steigern die heilende Wirkung dieses Safts noch zusätzlich.

Karotten, Ananas, Zitrone und gegebenenfalls Ingwer entsaften. In den Standmixer oder die Küchenmaschine geben und die restlichen Zutaten hinzufügen, dann glatt pürieren. In Gläser füllen und Blütenpollen darüberstreuen.

Gesundheitlicher Nutzen
Blütenpollen werden seit Jahrhunderten in verschiedensten Kulturen als natürliches Tonikum zur Steigerung der Energie und des Immunsystems eingesetzt. Sie enthalten 40 Prozent Protein und alle essentiellen Aminosäuren, Enzyme, Fette und verschiedene Vitamine, Mineralien und Antioxidantien, die das Immunsystem regulieren. Blütenpollen steigern die körperliche und geistige Leistungsfähigkeit, insbesondere die Konzentration und das Gedächtnis. Sie kurbeln Stoffwechselvorgänge an und stärken das Herz-Kreislauf- und Atmungssystem. Aufgrund ihrer stark antioxidativen Wirkung schützen sie die Leber und gleichen den Hormonhaushalt aus. Athleten schätzen sie als natürliches Dopingmittel.

Nährwert pro Portion
Kcal 97 | **Protein** 1,4 g
Kohlenhydrate 18,1 g, davon Zucker: 17,6 g
Fett 2 g, davon gesättigte Fettsäuren: 0,3 g

Wurzel-tonikum

1 Pastinake
2 Karotten
¼ Knolle Sellerie, geschält
2 Äpfel
1 TL MSM-Pulver oder -Flocken

Gönnen Sie **Ihrer Haut und Ihren Haaren
eine Schönheitskur von Innen mit diesem
köstlichen Saft. Pastinaken sorgen für eine
cremige Textur und sind zudem reich an
Folsäure. Sellerie und Karotten sind gute
Lieferanten von Phytonährstoffen, B-Vitaminen und Mineralien, darunter Eisen,
Phosphor und Kalzium. Methylsulfonylmethan (MSM)-Pulver ist eine organische
Schwefelverbindung, die von Natur aus in
einer Reihe von Nahrungsmitteln vorkommt und in kleinen Mengen auch im
menschlichen Körper produziert wird;
Schwefel ist essentiell für die Bildung von
Kollagen und Keratin, die gesunde Haut,
Haare und Nägeln fördern.**

Alle Zutaten bis auf das MSM-Pulver entsaften, dann das MSM-Pulver einrühren. Sofort
servieren (siehe Abbildung rechts).

Nährwert pro Portion
Kcal 127 | **Protein** 4,4 g
Kohlenhydrate 28 g, davon Zucker: 22,9 g
Fett 1,1 g, davon gesättigte Fettsäuren: 0,2 g

Haut-reiniger

1 Handvoll Kohlblätter
1 Stange Sellerie
¼ Gurke
1 Orange, geschält
¼ Ananas, geschält
¼ Avocado, geschält
1–2 TL ALOE-VERA-Saft, nach Geschmack
60 ml kalter Grüntee

**Schönheit kommt von Innen. Gönnen Sie
sich die reichhaltigen Zutaten in diesem
Saft für reine Haut. Aloe-vera-Saft wird seit
Jahrtausenden innerlich und äußerlich zur
Verbesserung des Hautbildes angewendet; Avocado enthält gesunde Fette, die
die Hautzellen nähren und reparieren und
Entzündungen lindern. In Grüntee stecken
jede Menge Antioxidantien, die die Haut
schützen.**

Alle Zutaten außer Avocado, Aloe vera und
Tee entsaften. In den Standmixer oder die
Küchenmaschine geben und die restlichen
Zutaten hinzufügen, glatt pürieren. Sofort
servieren.

Nährwert pro Portion
Kcal 135 | **Protein** 3 g
Kohlenhydrate 18,5 g, davon Zucker: 18,4 g
Fett 5,5 g, davon gesättigte Fettsäuren: 1,1 g

Paprika-Bombe

1 rote Paprikaschote, Samen und
   Trennwände entfernt
½ orangefarbene Paprikaschote, Samen
   und Trennwände entfernt
2 große Karotten
½–1 Zitrone, nach Geschmack, geschält
⅓ Gurke
1 TL KOLLAGEN-Pulver
½ TL LEINÖL oder OMEGA-ÖL-
   MISCHUNG (optional)

**Dieses Getränk ist sozusagen Botox in
Saftform! Es ist das ideale Gegenmittel bei
müder und fahler Haut. Die revitalisieren-
de Wirkung kommt von den Carotinoiden,
dem Vitamin C und Schwefel im Paprika.
Kollagen-Pulver sorgt für ein strahlendes
Hautbild, kann aber auch Gelenkschmerzen lindern. Leinöl liefert ein Extra-Plus
für die Haut.**

Alle Zutaten bis auf das Kollagen-Pulver und
gegebenenfalls das Leinöl entsaften, dann
Pulver und Öl einrühren. Sofort servieren.

Nährwert pro Portion
Kcal 94 | **Protein** 5 g
Kohlenhydrate 12,2 g, davon Zucker: 11,8 g
Fett 2,6 g, davon gesättigte Fettsäuren: 0,4 g

Rote Schönheit

4 kleine Tomaten
½ Gurke
1 Apfel
1 Karotte
1 TL LEINÖL
1 EL ALOE-VERA-Saft

**Genießen Sie diesen Antioxidantien-rei-
chen Saft für ein strahlendes Hautbild.
Tomaten sind reich an Lycopin und
Vitamin C, die der Hautalterung entgegenwirken, Karotten liefern jede Menge
Beta-Karotin. Sie alle sind wichtig für den
Schutz der Haut und fördern die Reparatur
und Heilung von Zellen. Da der Saft auch
Aloe vera enthält, eignet er sich ideal für
die Behandlung von Narben und Haut-
unreinheiten. Das Kalium in den Tomaten
spendet Feuchtigkeit und regt die Entschlackung an.**

Alle Zutaten außer Leinöl und Aloe vera
entsaften, dann die beiden einrühren. Sofort
servieren.

Nährwert pro Portion
Kcal 129 | **Protein** 2,7 g
Kohlenhydrate 18,3 g, davon Zucker: 18,1 g
Fett 4,7 g, davon gesättigte Fettsäuren: 0,6 g

Anti-Cellulite-Trank

2 Stangen Sellerie
1 Handvoll Petersilienblätter und Stängel
1 Gurke
¼ Ananas, geschält
1 Zitrone, geschält
2 TL LECITHIN-Granulat

Wenn Sie auf der Suche nach einem natürlichen Gegenmittel gegen Orangenhaut sind, ist dieser Saft genau das Richtige für Sie. Seine leichten und entschlackenden Zutaten befördern Gift-und Abfallstoffe aus dem Körper. Lecithin-Granulat ist reich an Phospholipiden, die essentiell für alle Zellen sind. Außerdem tragen sie zur Emulgierung von Fett und dessen Ausscheidung aus dem Körper bei – daher sind sie ein ideales Mittel für alle, die abnehmen wollen.

Alle Zutaten bis auf das Lecithin-Granulat entsaften, dann das Granulat einrühren. (Alternativ in den Standmixer oder die Küchenmaschine geben und das Lecithin untermischen.) Sofort servieren.

Nährwert pro Portion
Kcal 80 | **Protein** 1,9 g
Kohlenhydrate 11,4 g, davon Zucker: 11,3 g
Fett 0,6 g, davon gesättigte Fettsäuren: 0 g

Eisen-
Stärker

1 große Handvoll Brunnenkresse
1 Handvoll Petersilienblätter und Stängel
1 grüner Apfel
1 Stange Sellerie
½–1 Limette, nach Geschmack, geschält
1 Kiwi, geschält
¼ TL GINSENG-Tinktur oder ⅛ TL GINSENG-Pulver
⅛–¼ TL CHLORELLA- oder SPIRULINA-Pulver, nach Geschmack

Wenn Sie nach einem gesunden Mittel suchen, das müde Geister wieder munter macht, probieren Sie doch diesen belebenden Saft. Sowohl Brunnenkresse als auch Petersilie liefern Eisen und B-Vitamine wie Folsäure und B_{12}, die der Körper für gesunde rote Blutkörperchen und für mentale sowie körperliche Gesundheit braucht.

Alle Zutaten außer Ginseng und Chlorella entsaften. Die beiden Zutaten einrühren und sofort servieren.

Gesundheitlicher Nutzen
Ginseng wird seit jeher aufgrund seiner Energie spendenden Eigenschaften gegen Stress und zur Verbesserung der Stimmung eingesetzt. In verschiedenen Studien wurde nachgewiesen, dass er die kognitive Funktion und das Gedächtnis verbessern sowie den Blutzuckerspiegel stabilisieren, die Durchblutung fördern und Müdigkeit verringern kann.

Nährwert pro Portion
Kcal 70 | **Protein** 1,9 g
Kohlenhydrate 14,9 g, davon Zucker: 14,7 g
Fett 0,7 g, davon gesättigte Fettsäuren: 0,1 g

Fruchtbar-keits-bombe

4 **Spargelstangen**
1 **Handvoll Petersilienblätter und Stängel**
2 **Stangen Sellerie**
½ **Gurke**
2 **kleine Äpfel**
2 **Zitronen, geschält**
¼ **TL SHATAVARI- oder MACA-Pulver**

Shatavari sorgt dank seines Anteils an Phytoöstrogenen für einen ausgeglichenen Hormonhaushalt bei Frauen jeden Alters. Neben seiner fruchtbarkeitsfördernden Wirkung lindert er auch Begleiterscheinungen der Wechseljahre. Spargel liefert B-Vitamine, darunter Folsäure, die für eine gesunde Schwangerschaft und Energie wichtig sind. Zudem senken sie den Spiegel von Homocystein, einer vom Körper produzierten Verbindung, deren Überschuss die Fruchtbarkeit beeinflussen und das Risiko von Herz-Kreislauf-Erkrankungen und der Abnahme der kognitiven Leistungsfähigkeit erhöhen kann. Kurzum, dieses wunderbare Tonikum ist eine Wohltat für den ganzen Körper.

Alle Zutaten bis auf das Shatavari-Pulver entsaften. In den Standmixer oder die Küchenmaschine geben und das Pulver hinzufügen, glatt pürieren. Den Saft sofort servieren.

Nährwert pro Portion
Kcal 103 | **Protein** 4,2 g
Kohlenhydrate 20,3 g, davon Zucker: 20,1 g
Fett 1 g, davon gesättigte Fettsäuren: 0,1 g

Vital- bombe

½ Cantaloupe-Melone
1 Handvoll Spinatblätter
1 Handvoll Petersilienblätter und Stängel
1 Limette, geschält
¼ Gurke
¼ TL GINSENG-Pulver oder GINSENG-
   oder RHODIOLA-Tinktur

Ein schneller Energieschub gefällig?
Versuchen Sie diesen anregenden grünen
Saft. Er ist reich an Eisen und B-Vitami-
nen und gibt Ihnen neue Energie. Wenn
Sie sich gestresst fühlen, verfeinern Sie
den Saft einfach mit etwas Ginseng- oder
Rhodiola-Tinktur.

Das Fruchtfleisch der Melone von der Schale befreien. Alle Zutaten bis auf den Ginseng
entsaften, dann den Ginseng einrühren. Den
Saft sofort servieren.

     (V)

Nährwert pro Portion
Kcal 68 | **Protein** 2,8 g
Kohlenhydrate 13,6 g, davon Zucker: 13,5 g
Fett 0,6 g, davon gesättigte Fettsäuren: 0 g

Aloe- Jungbrunnen

2 große Handvoll Spinatblätter
¼ Ananas, geschält
1 Limette, geschält
1 Handvoll Minzeblätter
2 Stangen Sellerie
1 EL ALOE-VERA-Saft

Gönnen Sie sich dieses Tonikum, wenn
Sie sich nicht ganz auf der Höhe fühlen.
Es erfrischt, beruhigt den Verdauungstrakt und Entzündungen und verjüngt den
Körper. Die bei den Ägyptern als »Pflanze
der Unsterblichkeit« bekannte Aloe ist ein
mineralreiches Superfood, das das Verdauungssystem stärkt, indem es Candida
reduziert und nützliche Bakterien begünstigt. Zudem unterstützt sie Heilungsprozesse und die Zellerneuerung. Dank ihrer
entzündungshemmenden Eigenschaften
bietet sie Abhilfe bei Verdauungsstörungen, Magengeschwüren und Sodbrennen.

Alle Zutaten bis auf die Aloe vera entsaften,
dann den Aloe-vera-Saft einrühren. Sofort
servieren.

(G) (M) (S) (N) (SA) (V)

Nährwert pro Portion
Kcal 80 | **Protein** 2,1 g
Kohlenhydrate 16,4 g, davon Zucker: 15,6 g
Fett 0,8 g, davon gesättigte Fettsäuren: 0,1 g

1 Rote Bete
2 Karotten
230 g Erdbeeren, geputzt
1 Apfel
125 ml KOKOSWASSER

Dieser weinrote Saft ist süß und leicht und punktet mit Zutaten, die den Körper verjüngen und vor dem Training in Schwung bringen. Rote Bete ist eine einzigartige Quelle von Phytonährstoffen namens Betalaine, die eine antioxidative, entzündungshemmende und entschlackende Wirkung haben.

Alle Zutaten bis auf das Kokoswasser entsaften, dann das Kokoswasser einrühren. Sofort servieren (siehe Abbildung rechts).

(G) (M) (S) (SA) (ZI) (V)

Nährwert pro Portion
Kcal 153 | **Protein** 4 g
Kohlenhydrate 32,1 g, davon Zucker: 27,6 g
Fett 0,8 g, davon gesättigte Fettsäuren: 0,1 g

250 g Hokkaido-Kürbis, entkernt und
    gewürfelt
1 Karotte
2 Äpfel
1 cm Ingwerwurzel, geschält
½ TL MACA-Pulver
¼ TL gemahlener Zimt oder nach
    Geschmack

Dieser goldene cremige Saft strotzt nur so vor Antioxidantien – darunter Carotinoide und Vitamin C, B-Vitamine, Mangan und Magnesium – die alle wichtige Nährstoffe für die Energieproduktion sind. Dieser Saft wirkt wunderbar entzündungshemmend, enthält natürliche Süße für einen Energieschub und ist perfekt zur Förderung der Nebennieren und des Immunsystems.

Alle Zutaten außer Maca-Pulver und Zimt entsaften, dann Maca-Pulver und Zimt einrühren. Sofort servieren.

(G) (M) (S) (N) (SA) (ZI) (V)

Nährwert pro Portion
Kcal 110 | **Protein** 2,7 g
Kohlenhydrate 22,7 g, davon Zucker: 21,3 g
Fett 0,8 g, davon gesättigte Fettsäuren: 0,3 g

Bete-Beeren-Turbo

1 Rote Bete
100 g Heidelbeeren
120 g Kirschen, entsteint
2 Birnen
1 Zitrone, geschält
ein paar Tropfen GINSENG-Tinktur oder ¼ TL GINSENG-Pulver
½ TL ACAI-Pulver
1 EL GLUTAMIN-Pulver

Rote-Bete-Saft, der reich an Nitraten ist, steigert die Sauerstoffversorgung im Körper und ist daher als natürliches Dopingmittel bekannt. Die Antioxidantien-reichen Früchte und das Glutamin-Pulver unterstützen die Erholung und Revitalisierung des Körpers nach sportlicher Aktivität.

Alle Zutaten bis auf den Ginseng, das Acai-Pulver und das Glutamin-Pulver entsaften, dann die restlichen Zutaten einrühren. Sofort servieren.

Gesundheitlicher Nutzen

Beeren und Kirschen, insbesondere die Acai-Beere, sind wahre Superfoods für Sportler. Sie weisen nämlich einen hohen Gehalt an Flavonoiden und Anthocyanen auf, die für ihre antioxidativen und entzündungshemmenden Eigenschaften bekannt sind. Der regelmäßige Genuss von Säften wie diesem hier kann dazu beitragen, Entzündungen zu mindern und die Erholung zu verbessern, sodass Sportler für längere Zeit intensiver trainieren können.

Nährwert pro Portion
Kcal 281 | **Protein** 13,1 g
Kohlenhydrate 60,7 g, davon Zucker: 51,6 g
Fett 1,5 g, davon gesättigte Fettsäuren: 0 g

Koriander-Detox

1 Handvoll Korianderblätter und Stängel
4 Stangen Sellerie
1 Limette, geschält
1 Handvoll Petersilienblätter und Stängel
2 Äpfel
¼ TL CHLORELLA-Pulver oder ein paar
   Tropfen flüssiges CHLOROPHYLL

Frischer Koriander ist ein nährstoffreiches Kraut, das ätherische Öle mit nützlichen Phytonährstoffen enthält. Es wird seit jeher eingesetzt, um den Körper bei der Ausscheidung von Schwermetallen und Giftstoffen zu helfen. Dieser Saft wird durch etwas Chlorella oder flüssiges Chlorophyll noch wirksamer. Er eignet sich prima als Neujahrstrunk nach all den Schlemmereien während der Festtage.

Alle Zutaten bis auf die Chlorella entsaften, dann das Pulver einrühren. Sofort servieren.

Nährwert pro Portion
Kcal 47 | **Protein** 1,8 g
Kohlenhydrate 9,5 g, davon Zucker: 9,4 g
Fett 0,5 g, davon gesättigte Fettsäuren: 0 g

Gold-mischung

3 große Karotten
1 Zitrone, geschält
¼ Gurke
½ Birne
1 Apfel
½ TL LEINÖL oder OMEGA-ÖL-
   MISCHUNG

Dieser leuchtend gelbe Saft steckt voller Antioxidantien, besonders Carotinoiden, die für ihre krebshemmenden Eigenschaften bekannt sind. Das Beta-Karotin der Karotten wird zu Vitamin A umgewandelt – ein bedeutsames Vitamin für Augen und Haut sowie für die Gesundheit des Immunsystems. Omega-3-Fettsäuren im Leinöl verleihen dem Saft eine entzündungshemmende Wirkung.

Alle Zutaten bis auf das Leinöl entsaften, dann das Öl einrühren. Sofort servieren.

Nährwert pro Portion
Kcal 118 | **Protein** 1,5 g
Kohlenhydrate 22 g, davon Zucker: 22 g
Fett 2,4 g, davon gesättigte Fettsäuren: 0,3 g

KAPITEL 3

ULTIMATIVE SMOOTHIES

Avocado und Grünzeug

¼ Avocado, geschält
1 TL KOKOSÖL
100 g Ananas, in Stücke geschnitten
Saft von ½ Limette
¼ TL MORINGA-, CHLORELLA- oder
    SPIRULINA-Pulver
1 TL ALOE-VERA-Saft
2 TL GLUTAMIN-Pulver
½ TL PROBIOTISCHES Pulver
200 ml KOKOSWASSER oder Wasser

Cremige Avocado sorgt gepaart mit Kokosöl für eine samtige Textur in diesem Smoothie, der besonders wohltuend für den Verdauungstrakt ist. Er enthält Verdauungsenzyme aus der Ananas plus Glutamin und Probiotika für den Darm. Aloe vera und Moringa-Pulver mindern Entzündungen.

Alle Zutaten im Standmixer oder in der Küchenmaschine sämig pürieren. Sofort servieren.

Nährwert pro Portion
Kcal 188 | **Protein** 9,2 g
Kohlenhydrate 24 g, davon Zucker: 10 g
Fett 8,5 g, davon gesättigte Fettsäuren: 3,6 g

Purpur-Smoothie

1 große Handvoll rote Weintrauben
1 große Handvoll tiefgefrorene
    Heidelbeeren oder gemischte Beeren
2 weiche getrocknete Datteln, entsteint
½ TL PURPUR-MAIS-Pulver
½ TL AMLA- oder ACAI-Pulver
½ TL Vanilleextrakt
35 g Rotkohl, gehobelt
1 Handvoll Roter Grünkohl, gehackt

Roter Grünkohl und Rotkohl sind reich an Anthocyanen, einem Phytonährstoff mit heilender Wirkung. Purpur-Mais besitzt außergewöhnliche antioxidative Eigenschaften, um Schäden durch freie Radikale entgegenzuwirken und die Zellgesundheit zu fördern.

Weintrauben in einen Gefrierbeutel geben. Luft hinausstreichen, dann verschließen und über Nacht oder bis die Weintrauben hart sind einfrieren. Weintrauben und restliche Zutaten im Standmixer oder in der Küchenmaschine sämig pürieren. Nach Bedarf mit bis zu 100 ml Wasser verdünnen. Sofort servieren.

Nährwert pro Portion
Kcal 150 | **Protein** 2,5 g
Kohlenhydrate 32 g, davon Zucker: 27,2 g
Fett 1,3 g, davon gesättigte Fettsäuren: 0 g

Gehirn-Booster

1 kleine Handvoll Heidelbeeren
3 Erdbeeren, geputzt, gewürfelt
2 TL HANFSAMEN MIT SCHALE
1 TL ACAI-Pulver
1 EL GOJI-BEEREN
¼ TL GINKGO-Pulver oder 2 Tropfen GINKGO-Tinktur
½ TL LEINÖL
½ TL Kokosöl
¼ reife Avocado, geschält und gewürfelt
100 ml Granatapfelsaft, KOKOSWASSER,
    kalter GINKGO-TEE oder GRÜNTEE

In diesem Smoothie steckt alles drin: gesunde Fette, Protein und Antioxidantien als Nahrung und Schutz fürs Gehirn. Zudem ist er dank der Avocado reichhaltig und sättigend. Wenn Sie eine Alternative zu Granatapfelsaft bevorzugen und weder Ginkgo-Pulver noch Ginkgo-Tinktur erhältlich sind, verwenden Sie Matcha-Pulver oder Ginkgo-Tee.

Alle Zutaten im Standmixer oder in der Küchenmaschine sämig pürieren. Sofort servieren.

Gesundheitlicher Nutzen
Ginkgoblätter (Ginkgo biloba) erweisen sich bereits seit Jahrhunderten als wirksames Heilmittel. Sie sind reich an Phytonährstoffen, darunter oligomere Proanthocyanidine und Flavonoide, und schützen nachweislich die Zellen vor oxidativer Schädigung. Ginkgo ist besonders dafür bekannt, die Durchblutung zu fördern, die kognitive Funktion zu steigern und vor Gedächtnisverlust zu schützen.

Nährwert pro Portion
Kcal 268 | **Protein** 4,1 g
Kohlenhydrate 32 g, davon Zucker: 29,1 g
Fett 13,5 g, davon gesättigte Fettsäuren: 2,7 g

**Grünes
Allerlei**

2 TL KOKOSÖL
1 EL ungesüßte Kokoschips oder Kokosraspel
1 EL gehackte Minzeblätter
¼ TL CAMU-CAMU-, BAOBAB- oder ACAI-Pulver
35 g tiefgefrorene oder frische rohe, enthülste Erbsen
¼ Gurke, gewürfelt
¼ Avocado, geschält und gewürfelt
200 ml KOKOSWASSER
1 EL ROHE KAKAO-NIBS
8 Eiswürfel oder KOKOS-EISWÜRFEL (Seite 22)
Stevia, Kokosblütenzucker oder Xylit (optional), nach Geschmack

Dieser kühlende und erfrischende grüne Smoothie verdankt seine Herbe den Kakao-Nibs. Da er auch mit tiefgefrorenen Erbsen zubereitet werden kann, können Sie die Frische des Sommers das ganze Jahr über genießen und Ihre Haut mit den feuchtigkeitsspendenden Eigenschaften des Drinks verwöhnen. Camu-Camu- oder Baobab-Pulver sorgt für ein Plus an nahrhaftem Vitamin C.

Das Kokosöl in einem kleinen Topf bei niedriger Temperatur zerlassen. Alle Zutaten bis auf die Hälfte der Kakao-Nibs, das Eis und gegebenenfalls das Stevia im Standmixer oder in der Küchenmaschine sämig pürieren. Eis und restliche Kakao-Nibs hinzufügen und erneut pürieren. Nach Geschmack süßen. Sofort servieren.

Nährwert pro Portion
Kcal 340 | **Protein** 9 g
Kohlenhydrate 45,9 g, davon Zucker: 2,1 g
Fett 25,5 g, davon gesättigte Fettsäuren: 16,4 g

Grüner Turbo

Spirulina-Smoothie

½ Banane
3 Brokkoliröschen
1 dünne Scheibe Ingwerwurzel, geschält
und gehackt (etwa ¼ TL)
½ Birne, entkernt und gewürfelt
1 EL Zitronensaft
½ TL MORINGA- oder WEIZENGRAS-
Pulver oder GRÜNE SUPERFOOD-
MISCHUNG

½ Banane
150 ml GRÜNTEE
½ Birne, entkernt und gewürfelt
½ Kiwi, geschält und gewürfelt
1 Handvoll Spinatblätter
¼ TL SPIRULINA-Pulver
¼ TL CAMU-CAMU- oder BAOBAB- oder
ACAI-Pulver

**Gefrorene Banane im Duett mit Birne
sorgt für eine sämige Textur und über-
deckt den Geschmack von Brokkoli, der
die Vorteile eines grünen Smoothies in
einem süßen Frucht-Mix liefert. Moringa-Pulver verbessert die Bioverfügbarkeit
der Nährstoffe in dem Drink.**

**Probieren Sie diesen belebenden Drink
und Sie werden vom vollen Geschmack
der Spirulina begeistert sein. Dank der
Antioxidantien im Grüntee, die freien Radikalen entgegenwirken, ist er ein idealer
Anti-Aging-Drink.**

Banane in kleine Stücke schneiden und in
einen Gefrierbeutel geben. Luft hinausstreichen, verschließen und über Nacht oder bis
die Stückchen hart sind einfrieren. Banane mit
den restlichen Zutaten sowie 150 ml Wasser
im Standmixer oder in der Küchenmaschine
sämig pürieren. Sofort servieren.

Banane in kleine Stücke schneiden und in
einen Gefrierbeutel geben. Luft hinausstreichen, verschließen und über Nacht oder bis
die Stückchen hart sind einfrieren. Banane mit
den restlichen Zutaten im Standmixer oder in
der Küchenmaschine sämig pürieren. Sofort
servieren.

Nährwert pro Portion
Kcal 81 | **Protein** 1,7 g
Kohlenhydrate 16,9 g, davon Zucker: 15,6 g
Fett 0,3 g, davon gesättigte Fettsäuren: 0,1 g

Nährwert pro Portion
Kcal 117 | **Protein** 3,8 g
Kohlenhydrate 47,3 g, davon Zucker: 18,1 g
Fett 0,4 g, davon gesättigte Fettsäuren: 0 g

Schwer-metall-Detox

Pikanter Mix

1 kleine Banane
¼ TL CHLORELLA-Pulver
¼ TL WEIZENGRAS-Pulver
1 TL GEMAHLENE LEINSAMEN
1 kleine Handvoll Korianderblätter
1 kleine Handvoll Brunnenkresseblätter
¼ Mango, geschält und gewürfelt
100 ml KOKOSWASSER oder Wasser

Dieser intensiv grüne Smoothie mit
Koriander, Brunnenkresse und ein paar
fruchtigen Highlights ist eine wahre
Wunderwaffe. Er reinigt Ihren Körper und
beseitigt Gift- und Abfallstoffe – ein toller
Smoothie für ein Detox- oder Entschla-
ckungsprogramm. Durch das Einfrieren
bleibt der frische leichte Geschmack in
der Banane erhalten.

Banane in kleine Stücke schneiden und in
einen Gefrierbeutel geben. Luft hinausstreichen, verschließen und über Nacht oder bis
die Stückchen hart sind einfrieren. Banane mit
den restlichen Zutaten im Standmixer oder in
der Küchenmaschine sämig pürieren. Sofort
servieren (siehe Abbildung rechts).

Nährwert pro Portion
Kcal 142 | **Protein** 3 g
Kohlenhydrate 27,9 g, davon Zucker: 21,4 g
Fett 1,9 g, davon gesättigte Fettsäuren: 0,3 g

2 Tomaten
3 EL GOJI-BEEREN
½ rote Paprikaschote, Samen und
    Trennwände entfernt, gewürfelt
½ Gurke, gewürfelt
eine Prise Himalayasalz oder Meersalz
½ Knoblauchzehe, zerdrückt (optional)
2 TL HANFSAMEN MIT SCHALE
ein paar Tropfen Tabasco- oder
    Worcestershire-Sauce, nach Geschmack
    (optional)
2 EL Zitronensaft
1 Handvoll Petersilienblätter, gehackt
½ TL MACA-Pulver
100 ml KOKOSWASSER

Stärken Sie Ihr Immunsystem mit diesem
Mix, der reich an Zink und Vitamin A und
C ist. Knoblauch hat eine antimikrobielle
Wirkung, während Maca in Stresssitua-
tionen hilft, die das Immunsystem
schwächen.

Alle Zutaten im Standmixer oder in der
Küchenmaschine sämig pürieren. Sofort
servieren.

Nährwert pro Portion
Kcal 229 | **Protein** 6,6 g
Kohlenhydrate 38,4 g, davon Zucker: 30 g
Fett 5,7 g, davon gesättigte Fettsäuren: 0,4 g

Gelenks-
heiler

½ Mango, geschält und in Stücke geschnitten
60 g Hokkaido-Kürbis, entkernt, oder Süßkartoffeln, gedünstet und zerstampft
1 weiche getrocknete Dattel, entsteint
eine Prise gemahlener Zimt
¼ TL gemahlene KURKUMA
2 TL KOLLAGEN-Pulver
1 TL GEMAHLENE LEINSAMEN
5 mm Ingwerwurzel, geschält und gerieben
1 EL GLUTAMIN-Pulver
½ TL MSM-Pulver
¼ TL BAOBAB-Pulver
150 ml gekühlter Kräutertee, GRÜNTEE oder MATCHATEE
4 Eiswürfel oder KOKOS-EISWÜRFEL (Seite 22)

Wenn Ihnen schmerzende, entzündete oder steife Gelenke zu schaffen machen, gönnen Sie sich diesen Smoothie. Er ist auch ideal als Schönheitselixier, da er reich an
Haut nährendem Vitamin A, Kollagen und Schwefel ist. Für ein Plus an Antioxidantien
habe ich etwas Baobab-Pulver hinzugefügt. Wenn Sie es lieber etwas würziger haben,
verwenden Sie mehr Ingwer.

Alle Zutaten bis auf das Eis im Standmixer oder in der Küchenmaschine sämig pürieren. Eis
hinzufügen und kurz mixen. Sofort servieren.

Nährwert pro Portion
Kcal 198 | **Protein** 23,7 g
Kohlenhydrate 57,2 g, davon Zucker: 15,6 g
Fett 1,7 g, davon gesättigte Fettsäuren: 0,3 g

**Birnen-
Protein-
Bombe**

2 EL ERBSEN-PROTEINPULVER VANILLE oder HANF-PROTEINPULVER
½ TL Vanilleextrakt (optional)
5 mm Ingwerwurzel, geschält und gerieben
1 Birne, Kerngehäuse entfernt und gewürfelt
1 TL KOKOSÖL
1 EL GETROCKNETE MAULBEEREN oder GOJI-BEEREN
1 EL LUCUMA-Pulver
150 ml KOKOSWASSER

Dieser würzige und vitalisierende Shake enthält Proteinpulver, das für einen gesunden Blutzuckerspiegel sorgt und die Reparatur der Muskeln nach dem Sport unterstützt. Kokosöl ist ein hervorragender Brennstoff fürs Training, da es der Körper zu Energie verbrennt, anstatt es als Fett einzulagern. Lucuma ist ein natürliches Süßungsmittel mit Karamellgeschmack.

Alle Zutaten im Standmixer oder in der Küchenmaschine sämig pürieren. Sofort servieren.

(G) (M) (S) (SA) (ZI) (V)

Nährwert pro Portion
Kcal 281 | **Protein** 17,2 g
Kohlenhydrate 36,3 g, davon Zucker: 16,8 g
Fett 7 g, davon gesättigte Fettsäuren: 2,6 g

Magnesium-Turbo

½ **Banane**
¼ **reife Avocado, geschält und gewürfelt**
1 **kleine Handvoll Spinatblätter**
1 **Handvoll tiefgefrorene Beeren**
1½ **TL HANFSAMEN MIT SCHALE**
½ **TL WEIZENGRAS-Pulver**
¼ **Gurke, gewürfelt**
1 **EL ROHE KAKAO-NIBS**
200 **ml KOKOSWASSER oder Wasser, sowie mehr bei Bedarf**

Magnesium ist essentiell für die Energieproduktion, aber für gewöhnlich eher selten Bestandteil der menschlichen Ernährung. Dieser cremige und feuchtigkeitsspendende Mix liefert ein Plus an Magnesium und ist zudem reich an Elektrolyten, Kalium und Natrium. Weizengras-Pulver wirkt alkalisierend und revitalisiert den Körper.

Banane in kleine Stücke schneiden und in einen Gefrierbeutel geben. Luft hinausstreichen, verschließen und über Nacht oder bis die Stückchen hart sind einfrieren. Banane mit den restlichen Zutaten im Standmixer oder in der Küchenmaschine sämig pürieren, bei Bedarf etwas Wasser hinzufügen. Sofort servieren.

Gesundheitlicher Nutzen

Rohkakao weist unter anderem einen besonders hohen Anteil an Magnesium, Eisen, Chrom und Antioxidantien auf. Kakao-Nibs enthalten keinen Zucker und wirken dank ihrer Inhaltsstoffe Tryptophan und Phenylethylamin (PEA) als natürlicher Stimmungsaufheller. PEA ist eine im Gehirn produzierte Verbindung, die mit Glücksempfinden und dem Gefühl des Verliebtseins in Verbindung gebracht wird. Sie fördert die Aufmerksamkeit sowie die Konzentration und sorgt für allgemeines Wohlbefinden.

Nährwert pro Portion
Kcal 257 | **Protein** 8,1 g
Kohlenhydrate 25,5 g, davon Zucker: 10,6 g
Fett 15,2 g, davon gesättigte Fettsäuren: 5 g

Matcha-Tropen-Mix

80 g Mango
80 g Ananas
1 Handvoll Romana- oder Kochsalat
¼ TL MATCHA-Pulver
¼ TL WEIZENGRAS-Pulver
125 ml KOKOSWASSER oder Wasser
½ TL CHIA-SAMEN
2 TL GOJI-BEEREN
1 EL GETROCKNETE MAULBEEREN
(optional)
½ Maracuja, nur Fruchtfleisch und Samen
4 Eiswürfel oder KOKOS-EISWÜRFEL
(Seite 22)

Tropenfrüchte treffen auf Super-Gemüse.

Mango und Ananas in Stücke schneiden und
in einen Gefrierbeutel geben. Luft hinausstreichen, verschließen und über Nacht oder
bis die Stückchen hart sind einfrieren. Die
tiefgefrorenen Früchte und die restlichen
Zutaten bis auf das Eis im Standmixer oder in
der Küchenmaschine sämig pürieren. Eis hinzufügen und alles kurz durchmischen. Sofort
servieren.

Nährwert pro Portion
Kcal 153 | **Protein** 4,4 g
Kohlenhydrate 30,6 g, davon Zucker: 24,2 g
Fett 1,6 g, davon gesättigte Fettsäuren: 0,2 g

Ananas-Gazpacho

½ Gurke, gewürfelt
¼ Ananas, geschält, Fruchtfleisch
gewürfelt
1 TL Limettensaft
1 kleine Handvoll Korianderblätter
1 kleine Handvoll Minzeblätter
½ TL WEIZENGRAS-Pulver
½ TL KOKOSÖL
4 Eiswürfel oder KOKOS-EISWÜRFEL
(Seite 22)

In diesem Smoothie verbinden sich Kräuter mit Ananas und Gurke zu einer leichten fruchtigen Mahlzeit im Glas. Eiswürfel
sorgen für Abkühlung an heißen Tagen.
Weizengras-Pulver verleiht dem Smoothie
entschlackende Eigenschaften.

Alle Zutaten bis auf das Eis im Standmixer
oder in der Küchenmaschine sämig pürieren.
Eis hinzufügen und kurz durchmischen. Den
Smoothie sofort servieren.

Nährwert pro Portion
Kcal 91 | **Protein** 1,6 g
Kohlenhydrate 16,1 g, davon Zucker: 15,4 g
Fett 1,9 g, davon gesättigte Fettsäuren: 1,3 g

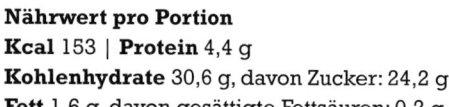

Brombeer-Rooibos-Smoothie

200 ml gekühlter Rooibos-Tee
60 g Brombeeren
30 g Heidelbeeren
½ TL ACAI-PULVER
1 EL GETROCKNETE MAULBEEREN oder GOJI-BEEREN
1 TL GEMAHLENE LEINSAMEN
½ kleine Banane
½ TL LEINÖL
1 Handvoll Eis oder KOKOS-EISWÜRFEL (Seite 22)

In diesem leichten erfrischendem Mix bildet die Herbe des Rooibos-Tees einen Gegenpol zu den süßen Brombeeren und Heidelbeeren. Rooibos-Tee ist nicht nur koffeinfrei, sondern auch reich an Antioxidantien. Diese Eigenschaften machen ihn zu einer nahrhaften Basis für Smoothies.

Alle Zutaten bis auf das Eis im Standmixer oder in der Küchenmaschine sämig pürieren. Eis hinzufügen und kurz durchmischen. Sofort servieren.

Nährwert pro Portion
Kcal 111 | **Protein** 2,1 g
Kohlenhydrate 15,9 g, davon Zucker: 14,1 g
Fett 4,2 g, davon gesättigte Fettsäuren: 0,3 g

Eistee-Protein-Shake

Kombucha-Smoothie

90 g tiefgefrorene Kirschen, entsteint
100 ml abgekühlter Grüntee
2 EL VANILLE-PROTEIN-Pulver
1 TL ACAI-PULVER
⅛ TL CAMU-CAMU- oder BAOBAB-Pulver
2 TL COLOSTRUM- oder GLUTAMIN-Pulver
4 Eiswürfel oder KOKOS-EISWÜRFEL (Seite 22)

Gönnen Sie sich diesen Protein-Shake nach einem harten Training. Kirschen plus Antioxidantien-reiches Superbeeren-Pulver und Colostrum ergeben ein unschlagbares Team. Die Ausgewogenheit von Protein und Kohlenhydraten unterstützt die Muskelregeneration. Antioxidantien-reicher Grüntee ist ein natürlicher Fettverbrenner.

Alle Zutaten bis auf das Eis im Standmixer oder in der Küchenmaschine sämig pürieren. Eis hinzufügen und kurz durchmischen. Den Smoothie sofort servieren.

Ⓖ Ⓢ Ⓝ ⓈⒶ Ⓩ Ⓘ

Nährwert pro Portion
Kcal 213 | **Protein** 19,3 g
Kohlenhydrate 45,2 g, davon Zucker: 9,9 g
Fett 5,4 g, davon gesättigte Fettsäuren: 0 g

½ Banane
125 ml KOMBUCHA (Seite 22) oder WASSERKEFIR (Seite 22)
½ Mango, geschält und gewürfelt
Saft von ½ Zitrone
5 mm Ingwerwurzel, geschält und gerieben
1 TL CHIA-SAMEN
4 Eiswürfel

Kombucha wirkt wohltuend auf den Darm. Er stärkt das Immunsystem, mindert Entzündungen und ist eine gute Quelle von Antioxidantien. Chia-Samen liefern essentielle Omega-3-Fettsäuren und Protein.

Banane in kleine Stücke schneiden und in einen Gefrierbeutel geben. Luft hinausstreichen, verschließen und über Nacht oder bis die Stückchen hart sind einfrieren. Banane und restliche Zutaten bis auf das Eis im Standmixer oder in der Küchenmaschine sämig pürieren. Eis hinzufügen und zu einem Slush vermischen. Sofort servieren.

Ⓖ Ⓜ Ⓢ Ⓝ Ⓥ

Nährwert pro Portion
Kcal 157 | **Protein** 2 g
Kohlenhydrate 33,8 g, davon Zucker: 31,5 g
Fett 1,6 g, davon gesättigte Fettsäuren: 0,3 g

Schoko-Zimt-Omega-Elixir

2 TL KOKOSÖL
2–3 TL ROHKAKAO-Pulver, nach
   Geschmack
1 TL ROHE KAKAO-NIBS
½ TL MACA-Pulver
½ TL gemahlener Zimt
2 EL Cashewkerne
1 EL GOJI-BEEREN
1 TL OMEGA Öl-MISCHUNG oder LEINÖL
1 TL HONIG, MANUKA-HONIG oder
   Kokossirup
2 EL PROTEIN-Pulver
250 ml SONNENTAU-TEE, heiß oder
   abgekühlt

Diesen reichhaltigen Schokodrink können
Sie warm oder kalt genießen. Sonnentau,
der traditionell gegen Stress und Alterung
angewendet wird, gilt als hervorragendes
Schönheitselixir und verbessert die Ge-
hirnleistung und mentale Funktionen.

Das Kokosöl in einem kleinen Topf bei niedriger Temperatur zerlassen. Alle Zutaten im
Standmixer oder in der Küchenmaschine
sämig pürieren. Sofort servieren.

Nährwert pro Portion
Kcal 479 | **Protein** 23,5 g
Kohlenhydrate 35,8 g, davon Zucker: 16,6 g
Fett 27,5 g, davon gesättigte Fettsäuren: 9,7 g

Karotten-Gewürz-Smoothie

½ kleine Banane
200 ml Karottensaft (etwa 5 ausgepresste
   Karotten)
1 EL GOJI-BEEREN
1 Aprikose, entsteint
½ TL gemahlener Zimt
1 EL Cashewkerne
80 ml KOKOSWASSER
eine Prise gemahlener Kardamom

Dieser üppige Smoothie verleiht einfa-
chem Karottensaft ein neues Geschmacks-
niveau. Die Kombination aus Karotten
und Früchten ergibt einen süßen Smoothie
voller Beta-Karotin sowie Vitamin A und C,
die Haut und Immunsystem stärken. Zimt
gleicht den Blutzuckerspiegel aus.

Banane in kleine Stücke schneiden und in
einen Gefrierbeutel geben. Luft hinausstreichen, verschließen und über Nacht oder bis
die Stückchen hart sind einfrieren. Banane
und restliche Zutaten im Standmixer oder in
der Küchenmaschine sämig pürieren. Sofort
servieren.

Nährwert pro Portion
Kcal 259 | **Protein** 5,6 g
Kohlenhydrate 40,1 g, davon Zucker: 33,5 g
Fett 8,7 g, davon gesättigte Fettsäuren: 1,5 g

**Schoko-
Beeren-
Smoothie**

1 kleine Banane
1–1½ EL ROHKAKAO-Pulver, nach Geschmack
1½ TL HANFSAMEN MIT SCHALE
90 g tiefgefrorene gemischte Beeren
2 TL GETROCKNETE MAULBEEREN oder GOJI-BEEREN
1 TL GOJI-BEEREN
½ TL Vanilleextrakt
¼ TL CAMU-CAMU- oder BAOBAB-Pulver (optional)
½ TL ACAI- oder MAQUI-Pulver

Diese Kombination aus Beeren und Rohkakao-Pulver schmeckt einfach himmlisch.
Dieser Super-Mix ist reich an Antioxidantien, Vitaminen und Mineralien. Hanfsamen
liefern zudem nützliche essentielle Fette. Die tiefgefrorene Banane sorgt für eine sämige Konsistenz. Für noch mehr Superwirkung ¼ Teelöffel Superfood-Pulver hinzufügen.

Banane in kleine Stücke schneiden und in einen Gefrierbeutel geben. Luft hinausstreichen,
verschließen und über Nacht oder bis die Stückchen hart sind einfrieren. Banane und restliche Zutaten in den Standmixer oder die Küchenmaschine geben und 200 ml Wasser hinzufügen. Sämig pürieren. Sofort servieren.

Gesundheitlicher Nutzen
Hanfsamen mit Schale haben einen wunderbar milden nussigen Geschmack und sind reich
an leicht verdaulichem Protein, darunter alle essentiellen Aminosäuren, die Power geben.
Hanf besitzt ein Vielzahl an Mineralien wie Magnesium, Kalzium, Kalium und Schwefel und
ist besonders bekannt für sein perfektes 3:1-Verhältnis zwischen Omega-6- und Omega-3-
Fettsäuren, die die Körperzellen nähren und Entzündungen mindern.

Nährwert pro Portion
Kcal 240 | **Protein** 7,3 g
Kohlenhydrate 65 g, davon Zucker: 25,5 g
Fett 4,5 g, davon gesättigte Fettsäuren: 0,9 g

Rote-Bete-Schoko-Traum

1 kleine Rote Bete
1 EL ROHKAKAO-Pulver
1 EL GOJI-BEEREN
5 Erdbeeren, geputzt
125 ml WASSERKEFIR (Seite 22)
4 Eiswürfel oder KOKOS-EISWÜRFEL (Seite 22)
Stevia, Kokosblütenzucker oder Xylit (optional), nach Geschmack

Wenn Sie kein allzu großer Fan von Rote Bete sind, verarbeiten Sie dieses gesunde Gemüse doch in einem Schoko-Smoothie. Der Rohkakao ist ein perfekter Partner für das süße Aroma von gebratener Rote Bete. Es empfiehlt sich, gleich ein paar Stück mehr von der Roten Bete zu braten und sie heiß als Beilage oder kalt in einem Salat zu genießen. Sie sind im Kühlschrank 3–4 Tage haltbar und lassen sich gut einfrieren. Rote Beten sind eine großartige Quelle von Phytonährstoffen, sie liefern Antioxidantien, wirken entzündungshemmend und fördern die Entschlackung. Zudem enthalten sie Betain, das in der Lage sein soll, Entzündungen im Herz-Kreislauf-System zu regulieren.

Den Ofen auf 190 °C vorheizen. Die Rote Bete in Folie wickeln und 1 Stunde bzw. so lange braten, bis sie auf Druck hin nachgibt. Zur Weiterverarbeitung abkühlen lassen, dann schälen. Die Rote Bete halbieren und eine Hälfte in Stücke schneiden. Abkühlen lassen. Die andere Hälfte für eine andere Verwendung aufbewahren.

Rote-Bete-Stücke und restliche Zutaten bis auf das Eis und gegebenenfalls Stevia im Standmixer oder in der Küchenmaschine sämig pürieren. Eis hinzufügen und zu einem Slush vermischen. Nach Geschmack süßen. Sofort servieren.

(G) (M) (S) (N) (SA) (ZI) (V)

Nährwert pro Portion
Kcal 170 | **Protein** 3,4 g
Kohlenhydrate 34,9 g, davon Zucker: 25,9 g
Fett 1,9 g, davon gesättigte Fettsäuren: 0,6 g

Hormon-Ausgleicher

½ Banane
1 Handvoll Heidelbeeren
¼ TL SPIRULINA-Pulver
1 TL HONIG oder MANUKA-HONIG
½ TL SHATAVARI-Pulver (optional)
2 TL LUCUMA-Pulver
½ TL OMEGA-ÖL-MISCHUNG oder LEINÖL
1 TL MACA-Pulver
1 EL Mandelbutter
1 TL KOKOSÖL
150 ml KOKOSWASSER

Bei Wechselbeschwerden, PMS oder geringer Fertilität probieren Sie diesen Super-Mix, der den Hormonhaushalt ausgleicht und die Nebennieren nährt.

Banane in kleine Stücke schneiden und in einen Gefrierbeutel geben. Luft hinausstreichen, verschließen und über Nacht oder bis die Stücke hart sind einfrieren. Banane und restliche Zutaten im Standmixer oder in der Küchenmaschine sämig pürieren. Sofort servieren.

Nährwert pro Portion
Kcal 313 | **Protein** 8,6 g
Kohlenhydrate 59,6 g, davon Zucker: 15,9 g
Fett 15,3 g, davon gesättigte Fettsäuren: 3,8 g

Goji-Erdbeer-Smoothie

½ kleine Banane
1 EL GOJI-BEEREN
150 ml KOKOSWASSER
1 TL CHIA-SAMEN
1 TL HANFSAMEN MIT SCHALE
1 Handvoll Erdbeeren, geputzt und gewürfelt
2 EL VANILLE PROTEIN-Pulver

Beginnen Sie den Tag mit diesem proteinreichen Energie-Smoothie. Sofern es die Zeit erlaubt, weichen Sie die Goji-Beeren am besten in Kokoswasser ein, damit sie leichter zu mixen sind.

Banane in kleine Stücke schneiden und in einen Gefrierbeutel geben. Luft hinausstreichen, verschließen und über Nacht oder bis die Stückchen hart sind einfrieren. Goji-Beeren für 10 Minuten in Kokoswasser einweichen. Banane, Goji-Beeren und Kokoswasser im Standmixer oder in der Küchenmaschine zusammen mit den restlichen Zutaten sämig pürieren. Sofort servieren.

Nährwert pro Portion
Kcal 285 | **Protein** 18,9 g
Kohlenhydrate 37,4 g, davon Zucker: 23,2 g
Fett 6,7 g, davon gesättigte Fettsäuren: 0,2 g

Tropen-Mix

80 g Ananas, gewürfelt

2 Litschis, aus der Dose oder frisch, entsteint

¼ Papaya, geschält, Samen entfernt, gewürfelt

½ TL MACA-Pulver

1 EL Kokosraspel

1 EL GETROCKNETE MAULBEEREN oder GOJI-BEEREN

1 TL LUCUMA-Pulver

1 EL KOLLAGEN-Pulver

2 TL COLOSTRUM- oder GLUTAMIN-Pulver

150 ml KOKOSWASSER oder Wasser

Dieser Smoothie mit Tropenflair verleiht Ihrem Körper Energie und stärkt Ihr Immunsystem. Colostrum verbessert die Immunfunktion und fördert die Gesundheit, während Kollagen Gelenke, Knochen und Haut unterstützt.

Alle Zutaten im Standmixer oder in der Küchenmaschine sämig pürieren. Sofort servieren.

Nährwert pro Portion
Kcal 259 | **Protein** 19,2 g
Kohlenhydrate 26,5 g, davon Zucker: 14,1 g
Fett 9 g, davon gesättigte Fettsäuren: 6,9 g

Sommer-Tonikum

90 g Cantaloupe-Melone, Fruchtfleisch gewürfelt

2 Pfirsiche, entsteint und gewürfelt

¼ TL BAOBAB-Pulver

2 TL LUCUMA-Pulver

1 TL abgeriebene Schale einer unbehandelten Limette

Saft von ½ Limette

¼ TL CAMU-CAMU- oder ACAI-Pulver

1 EL GOJI-BEEREN

2 EL VANILLE- oder PROTEIN-Pulver natur

½ TL Vanilleextrakt

150 ml KOKOSWASSER oder Wasser

4 Eiswürfel

Für einen schlanken Körper trinken Sie diesen proteinreichen Smoothie mit Vitamin-C-reichen Früchten und Pulvern.

Alle Zutaten bis auf das Eis im Standmixer oder in der Küchenmaschine sämig pürieren. Eis hinzufügen und zu einem Slush vermischen. Sofort servieren.

Nährwert pro Portion
Kcal 285 | **Protein** 19,2 g
Kohlenhydrate 64,7 g, davon Zucker: 26 g
Fett 4,6 g, davon gesättigte Fettsäuren: 0 g

Früchte-traum

150 ml Granatapfelsaft
½ Birne, Kerngehäuse entfernt, gewürfelt
1 kleine Handvoll Minzeblätter
2 TL LUCUMA-Pulver
90 g tiefgefrorene gemischte Beeren
1 TL Zitronensaft
¼ TL CAMU-CAMU- oder BAOBAB-Pulver
½ TL ACAI- oder MAQUI-PULVER
1 EL GOJI-BEEREN
4 Eiswürfel

Dieser erfrischend kühle Drink ist ein Traum aus herben und süßen Früchten. Die Goji-Beeren erhöhen den Gehalt an Proteinen und Ballaststoffen und wirken als natürliches Verdickungsmittel des Saftes. Eine Handvoll frische Minze beruhigt den Verdauungstrakt und lindert Unterleibskrämpfe.

Alle Zutaten bis auf das Eis im Standmixer oder in der Küchenmaschine sämig pürieren. Eis hinzufügen und kurz durchmischen. Sofort servieren.

Gesundheitlicher Nutzen

Etwas Camu-Camu-Pulver im Getränk ist eine der einfachsten und natürlichsten Methoden, um die Zufuhr von Vitamin C zu erhöhen. Mit rund 2 g Vitamin C pro 100 g Frucht schlägt Camu-Camu hinsichtlich des Gehalts an natürlichem Vitamin C jedes andere Nahrungsmittel. Das bedeutet, dass Sie für eine echte Vitamin-C-Bombe nur ¼–½ Teelöffel davon zu Ihrem Smoothie geben müssen. Camu-Camu fördert ein gesundes Immunsystem sowie gesunde Haut und schützt die Körperzellen sowie das Gehirn vor schädlichen Einflüssen. Vitamin C ist essentiell für die Bildung von Kollagen – somit ist dieser Smoothie optimal für die Gesundheit der Gelenke.

Nährwert pro Portion
Kcal 231 | **Protein** 3 g
Kohlenhydrate 48 g, davon Zucker: 40 g
Fett 2,7 g, davon gesättigte Fettsäuren: 0,1 g

Orange-Khaki-Mix

1 Khakifrucht, gewürfelt
5 mm Ingwerwurzel, geschält und
   gewürfelt
½ TL MACA-Pulver
¼ TL gemahlener Zimt
1 kleine Handvoll Spinat- oder Kohlblätter
1 Orange, geschält
3 Macadamia-Nüsse (optional)
1 EL GOJI-BEEREN

Khakifrüchte enthalten eine Vielzahl an
Nährstoffen: lösliche Ballaststoffe für
Energie, Antioxidantien einschließlich der
Augen schützenden Carotinoide, Vita-
min C und energiespendende B-Vitamine.
Die Macadamia-Nüsse sind kein Muss, sie
verleihen aber diesem Drink eine wunder-
bar seidige Textur.

Alle Zutaten im Standmixer oder in der Küchenmaschine sämig pürieren. Bei Bedarf mit
etwas Wasser verdünnen. Sofort servieren.

Nährwert pro Portion
Kcal 191 | **Protein** 3,1 g
Kohlenhydrate 30,6 g, davon Zucker: 28,3 g
Fett 6,5 g, davon gesättigte Fettsäuren: 0,8 g

Grüner Drache

½ Banane
½ Drachenfrucht, geschält und gewürfelt
2 EL Kokosraspeln
1 Handvoll Pak-Choi-Blätter oder
   Spinatblätter
½ TL WEIZENGRAS-Pulver
200 ml KOKOSWASSER

Der Geschmack der exotischen Drachenfrucht erinnert an eine Mischung aus Kiwi
und Birne. Sie hat relativ wenig Kalorien
und steckt dennoch voll Vitamin C und
Kalzium. In diesem leckeren Entschla-
ckungs-Mix habe ich sie mit Blattgemüse
und Weizengras-Pulver kombiniert.

Banane in kleine Stücke schneiden und in
einen Gefrierbeutel geben. Luft hinausstreichen, verschließen und über Nacht oder bis
die Stückchen hart sind einfrieren. Banane
im Standmixer oder in der Küchenmaschine
mit restlichen Zutaten sämig pürieren. Sofort
servieren.

    ZI V

Nährwert pro Portion
Kcal 201 | **Protein** 4,2 g
Kohlenhydrate 21,5 g, davon Zucker: 9,1 g
Fett 10,6 g, davon gesättigte Fettsäuren: 8,1 g

Wassermelonen-Mix

150 g Erdbeeren, geputzt und gewürfelt
160 g Fruchtfleisch einer Wassermelone
1 TL CHIA-SAMEN
ein paar Tropfen Stevia oder etwas Kokosblütenzucker, nach Geschmack
1 TL abgeriebene Schale einer unbehandelten Limette
Saft von ½ Limette
¼ TL BAOBAB-Pulver
4 Eiswürfel oder KOKOS-EISWÜRFEL (Seite 22)

Die Fülle an Antioxidantien in diesem feuchtigkeitsspendenden Sommergetränk ist eine Wohltat für die Haut und schützt sie vor Schäden durch Sonneneinwirkung. Wassermelone ist eine der reichsten Quellen von Lycopin, einem Carotinoid, das für die Gesundheit des Herz-Kreislaufsystems und der Knochen von Bedeutung ist. Chia-Samen verleihen dem Smoothie eine dickere Konsistenz und liefern wertvolle Omega-3-Fettsäuren und Proteine.

Alle Zutaten im Standmixer oder in der Küchenmaschine sämig pürieren. Sofort servieren.

Ⓖ Ⓜ Ⓢ Ⓝ Ⓥ

Nährwert pro Portion
Kcal 167 | **Protein** 6,4 g
Kohlenhydrate 77,7 g, davon Zucker: 18,9 g
Fett 1,9 g, davon gesättigte Fettsäuren: 0,3 g

Kefir-Limette-Colada

abgeriebene Schale und Saft einer
   unbehandelten Limette
80 g Ananas, gewürfelt
1 EL LUCUMA-Pulver
250 ml WASSERKEFIR (Seite 22)
1 TL TOCOTRIENOLE oder Öl von
   1 Vitamin-E-Kapsel, plus die zerdrückte
   Kapsel
1 TL PROBIOTISCHES Pulver
1 TL HONIG, MANUKA-HONIG oder
   Kokosblütenzucker
4 Eiswürfel

Wasserkefir ist einfach zubereitet und
ein effizientes Mittel zur Förderung der
Darmgesundheit und des Immunsystems.
Durch Zugabe von Früchten und Superfoods zaubern Sie einen wunderbar gesunden, spritzigen Smoothie.

Alle Zutaten bis das auf Eis im Standmixer
oder in der Küchenmaschine sämig pürieren.
Eis hinzufügen und zu einem Slush vermischen. Sofort servieren (siehe Abbildung
rechts).

Nährwert pro Portion
Kcal 177 | **Protein** 1,5 g
Kohlenhydrate 41,2 g, davon Zucker: 32,4 g
Fett 0,2 g, davon gesättigte Fettsäuren: 0 g

Pfirsich-Chia-Smoothie

2 TL CHIA-SAMEN
170 ml KOKOSWASSER
1 Pfirsich, entsteint und gewürfelt
1 Handvoll Himbeeren
¼ TL MAQUI-PULVER (optional)
1 TL ACAI-PULVER
1 TL Zitronensaft
¼ TL gemahlener Zimt

Chia-Samen geben diesem süßen Pfir-
sich-Himbeer-Smoothie lösliche Ballaststoffe und Omega-3-Fettsäuren. Mit
diesem Drink stabilisieren Sie Ihren Blutzuckerspiegel und Sie fühlen sich angenehm satt. Die Beerenpulver sorgen für ein
Plus an Antioxidantien und Vitamin C.

Chia-Samen in eine Schüssel geben und
Kokoswasser hinzufügen. Gut umrühren, die
Samen für 10 Minuten aufquellen lassen. In
den Standmixer oder die Küchenmaschine
geben und die restlichen Zutaten hinzufügen.
Sämig pürieren. Sofort servieren.

Nährwert pro Portion
Kcal 114 | **Protein** 3,4 g
Kohlenhydrate 16,6 g, davon Zucker: 6,7 g
Fett 3,9 g, davon gesättigte Fettsäuren: 0,2 g

Schoko-Haselnuss-Blumenkohl-Cream

Banane-Pekan-Aufbauer

½ Banane
90 g Blumenkohlröschen
1 EL Haselnüsse
200 ml KOKOSWASSER, plus mehr bei
   Bedarf
1 EL ROHKAKAO-Pulver
1 TL Vanilleextrakt
½ TL gemahlener Zimt
2 TL LUCUMA-Pulver
2 weiche getrocknete Datteln, entsteint

**Gesunder Blumenkohl verleiht diesem
Drink eine schön samtige Textur.**

Banane in kleine Stücke schneiden und in einen Gefrierbeutel geben. Blumenkohlröschen
hinzufügen. Luft hinausstreichen, verschließen und über Nacht oder bis der Inhalt hart
ist einfrieren. Haselnüsse in einer Bratpfanne
bei mittlerer Hitze goldbraun rösten. Abkühlen lassen. Haselnüsse und Kokoswasser im
Standmixer oder in der Küchenmaschine glatt
pürieren. Banane, Blumenkohl und restliche
Zutaten hinzufügen und sämig pürieren. Bei
Bedarf mit etwas mehr Kokoswasser verdünnen. Servieren.

Nährwert pro Portion
Kcal 287 | **Protein** 9,9 g
Kohlenhydrate 34,7 g, davon Zucker: 14,1 g
Fett 11,9 g, davon gesättigte Fettsäuren: 1,5 g

---

1 Banane
1 TL KOKOSÖL
4 weiche getrocknete Datteln, entsteint
2 EL Pekannüsse
1 TL HANFSAMEN MIT SCHALE
1 TL MACA-Pulver
250 ml kalter SÜSSHOLZ- oder
   GINSENGTEE
2 TL Vanilleextrakt
eine Prise Meersalz

**Pekannüsse verleihen Smoothies eine
sämige Konsistenz. Probieren Sie diesen
Vital-Drink, um an stressigen Tagen Kraft
zu schöpfen. Süßholz- oder Ginsengtee
und Maca ermöglichen es dem Körper,
besser mit Stress umzugehen, und fördern
die Nebennierenfunktion.**

Banane klein würfeln und in einen Gefrierbeutel geben. Luft hinausstreichen, verschließen und über Nacht einfrieren. Das Kokosöl
in einem kleinen Topf bei niedriger Temperatur zerlassen. Banane im Standmixer oder
in der Küchenmaschine mit den restlichen
Zutaten sämig pürieren. Sofort servieren.

Nährwert pro Portion
Kcal 360 | **Protein** 5,4 g
Kohlenhydrate 27 g, davon Zucker: 25,2 g
Fett 25,6 g, davon gesättigte Fettsäuren: 4,5 g

KAPITEL 4

CREMIGE SMOOTHIES

Guten Morgen-Beeren-Latte

Aufwecker

1 Beutel Yerba Mate-Tee oder 1½ EL loser Tee oder 1 TL löslicher Kaffee/Kaffee-Ersatz
150 ml Mandelmilch
½ TL MAQUI-Pulver oder ACAI-Pulver
100 g tiefgefrorene gemischte Beeren
½ TL gemahlener Zimt

Dieser Latte hilft Ihnen, den ganzen Tag über konzentriert zu bleiben. Yerba Mate-Tee ist eine gute Alternative zu Kaffee, da er weniger Koffein enthält und keine der Nebenwirkungen von Kaffee wie Nervosität verursacht. Zudem enthält er Antioxidantien, Vitamine und Mineralien.

Den Tee abends in eine Kanne geben und 100 ml heißes (nicht kochendes) Wasser darüber gießen. Für 20 Minuten oder nach Belieben länger ziehen lassen. Abgießen und über Nacht kühl stellen. Am nächsten Morgen den Tee und die restlichen Zutaten im Standmixer oder in der Küchenmaschine sämig pürieren. Sofort servieren.

    (G) (M) (S) (SA) (ZI) (V)

Nährwert pro Portion
Kcal 82 | **Protein** 1 g
Kohlenhydrate 13,1 g, davon Zucker: 6,6 g
Fett 2,7 g, davon gesättigte Fettsäuren: 0 g

1 kleine Banane
3 essfertige Pflaumen, entsteint
2 TL GEMAHLENE LEINSAMEN
2 TL ROHKAKAO-Pulver
2 TL ROHE KAKAO-NIBS
1 EL HANF-PROTEIN-Pulver
250 ml Mandelmilch
4 Paranüsse
1 TL PROBIOTISCHES Pulver

Dieser Smoothie mit reichlich Ballaststoffen, Proteinen und Omega-3-Fetten verhilft Ihnen zu einem fulminanten Start in den Tag. Probiotisches Pulver hilft bei anhaltenden Verdauungsproblemen, Pflaumen und Leinöl wirken Verstopfung entgegen.

Banane in kleine Stücke schneiden und in einen Gefrierbeutel geben. Luft hinausstreichen, verschließen und über Nacht oder bis die Stückchen hart sind einfrieren. Banane mit den restlichen Zutaten im Standmixer oder in der Küchenmaschine sämig pürieren. Sofort servieren.

   (G) (S) (ZI)

Nährwert pro Portion
Kcal 386 | **Protein** 13,9 g
Kohlenhydrate 42,3 g, davon Zucker: 22,1 g
Fett 18,3 g, davon gesättigte Fettsäuren: 4,1g

½ TL GRÜNE SUPERFOOD-MISCHUNG oder
   WEIZENGRAS-Pulver
2 TL ROHKAKAO-Pulver
2 weiche getrocknete Datteln, entsteint
1 TL MACA-Pulver
1 EL Mandelbutter
½ TL CAMU-CAMU-, BAOBAB- oder ACAI-Pulver
2 TL LUCUMA-Pulver
½ TL Vanilleextrakt
¼ TL gemahlener Zimt
1 TL HANFSAMEN MIT SCHALE
125 ml zubereiteter Zichorien- oder Löwenzahnkaffee
100 ml KOKOSWASSER
1 EL ROHE KAKAO-NIBS
4–5 Eiswürfel oder KOKOS-EISWÜRFEL (Seite 22)

**Cremiger
Superfood-
Mokka**

Dieser Smoothie mit seinem intensiven Kaffee-Schoko-Aroma ist ein Wundertrank der
Extraklasse. Er enthält Maca für jene Tage, an denen Sie sich gestresst fühlen und ein
natürliches Aufbaumittel brauchen. Wenngleich sich auch Kaffee eignet, habe ich einen
Kaffeeersatz gewählt: die Zichorienwurzel, die jede Menge Präbiotika enthält, die den
Darm gesund halten. Alternativ tut's auch Löwenzahnkaffee.

Alle Zutaten bis auf die Kakao-Nibs und das Eis im Standmixer oder in der Küchenmaschine
sämig pürieren. Kakao-Nibs und Eis hinzufügen und kurz durchmischen. Sofort servieren.

Gesundheitlicher Nutzen

Zichorie wird seit jeher wegen ihres gesundheitlichen Nutzens für die Leber und Verdauung
eingesetzt. Zichorienwurzel soll den Gallenfluss steigern, der die Verdauung und Emulgierung
von Fetten unterstützt. Da sie reich an Inulin, einem löslichen Ballaststoff ist, der gesunde Bakterien nährt, kann sie zur Gesundheit des Verdauungssystems beitragen. Lösliche Ballaststoffe
sind zudem ideal für die Stabilisierung des Blutzuckers und daher nützlich beim Abnehmen.

Nährwert pro Portion
Kcal 308 | **Protein** 11,7 g
Kohlenhydrate 51,6 g, davon Zucker: 4,2 g
Fett 18,9 g, davon gesättigte Fettsäuren: 5,2 g

Frühstücks-schale

1 EL Haferflocken
1 EL Kokosraspel
3 Macadamianüsse, gehackt
1 TL Kürbiskerne
1 TL GEMAHLENE LEINSAMEN
½ TL gemahlener Zimt
1 Handvoll frische Erdbeeren, geputzt, oder tiefgefrorene Erdbeeren
1 EL Limettensaft
1 EL GOJI-BEEREN
100 ml natürlicher Joghurt oder Soja-Joghurt
150 ml Halbfettmilch oder Milchalternative

Smoothies sind zwar toll als Frühstück, aber manchmal braucht es etwas Gehaltvolleres. Dieser hier ist sozusagen Frühstück im Glas. Sein Topping aus Haferflocken sorgt den ganzen Vormittag für mehr Konzentrationsfähigkeit. Haferflocken und Erdbeeren sind reich an B-Vitaminen, die Power verleihen und den Körper bei Stress unterstützen.

Eine anti-haftbeschichtete Pfanne auf mittlerer Stufe erhitzen und Haferflocken, Kokosraspel, Macadamianüsse und Kürbiskerne vorsichtig 2–3 Minuten goldbraun anrösten. In eine Schüssel geben und Leinöl sowie Zimt einrühren.

Die restlichen Zutaten im Standmixer oder in der Küchenmaschine sämig pürieren. Die Hälfte der Haferflockenmischung zugeben und erneut pürieren. In Gläser gießen und die restliche Haferflockenmischung darüberstreuen oder nach Belieben einrühren. Sofort servieren und mit einem Löffel essen.

(S)

Nährwert pro Portion
Kcal 486 | **Protein** 16,3 g
Kohlenhydrate 44,6 g, davon Zucker: 32,7 g
Fett 27 g, davon gesättigte Fettsäuren: 9,8 g

Espresso-Shake

Banane-Karamell-Creme

2 weiche getrocknete Datteln, entsteint
2 EL VANILLE-PROTEIN-Pulver
1 TL Espresso-Pulver
1 TL Mandelbutter
200 ml Mandelmilch (Seite 21)
1 TL HANFSAMEN MIT SCHALE
1 TL CHIA-SAMEN

Genießen Sie diese Koffeinbombe vor dem Sport. Protein-Pulver und Samen sorgen dafür, dass Ihr Blutzucker nicht verrückt spielt, und geben Ihnen jede Menge Elan fürs Training. Wenn Sie möchten, könnten Sie dem Drink mit 1 EL Rohkakao-Pulver etwas Mokka-Aroma verleihen.

Alle Zutaten im Standmixer oder in der Küchenmaschine sämig pürieren. Sofort servieren.

Nährwert pro Portion
Kcal 257 | **Protein** 18,6 g
Kohlenhydrate 18,2 g, davon Zucker: 2,7 g
Fett 12,5 g, davon gesättigte Fettsäuren: 0,6 g

1 kleine Banane, ungeschält
250 ml Kokosmilch
1 EL Mandelbutter
¼ TL gemahlener Zimt
1 EL LUCUMA-Pulver
1 TL MACA-Pulver (optional)
1 TL CHIA-SAMEN
2 weiche getrocknete Datteln, entsteint

Der Clou bei diesem Smoothie ist die gebackene Banane in Verbindung mit Datteln und karamelligem Lucuma. Er eignet sich prima als Dessert. Chia-Samen liefern Omega-3-Fette und lösliche Ballaststoffe.

Den Ofen auf 180 °C vorheizen. Die ungeschälte Banane auf ein Backblech legen und etwa 20 Minuten backen, bis die Schale schwarz ist. Abkühlen lassen, schälen.

Die Banane mit den restlichen Zutaten im Standmixer oder in der Küchenmaschine glatt und cremig pürieren. Sofort servieren.

Nährwert pro Portion
Kcal 308 | **Protein** 5,7 g
Kohlenhydrate 46,2 g, davon Zucker: 33,4 g
Fett 11,7 g, davon gesättigte Fettsäuren: 1,6 g

Schoko-Lebens-verlängerer

½ TL KOKOSÖL
4 Paranüsse
1 TL MACA-Pulver
1 EL ROHKAKAO-Pulver
½ TL HEILPILZ-Pulver
250 ml Mandelmilch
   (Seite 21)
1 TL HONIG oder MANUKA-HONIG
½ TL Vanilleextrakt
4 KOKOS-EISWÜRFEL (Seite 22)
   oder Eiswürfel

Dieser vitalisierende Trunk ist dank Maca- und Kakaopulver leicht cremig. Für das ultimative Gesundheitsplus ¼ TL grünes Superfood-Pulver hinzufügen.

Das Kokosöl in einem kleinen Topf bei niedriger Temperatur zerlassen. Alle Zutaten bis auf das Eis im Standmixer oder in der Küchenmaschine sämig pürieren. Eis hinzufügen und kurz durchmischen. Servieren.

Nährwert pro Portion
Kcal 250 | **Protein** 5,2 g
Kohlenhydrate 22,8 g, davon Zucker: 3,3 g
Fett 15,2 g, davon gesättigte Fettsäuren: 4,5 g

Kleeblatt-Shake

1 TL KOKOSÖL
1 TL Mandelbutter
1 Handvoll Spinatblätter
1 kleine Handvoll Minzeblätter
2 EL ROHE KAKAO-NIBS
½ TL TOCOTRIENOLE oder 1 Vitamin-E-
   Kapsel, plus die zerdrückte Kaspel
½ TL Vanilleextrakt
½ TL GRÜNES SUPERFOOD-Pulver
   wie WEIZENGRAS oder CHLORELLA
250 ml Mandelmilch
1 TL HONIG oder MANUKA-HONIG
4 Eiswürfel oder KOKOS-EISWÜRFEL
   (Seite 22)

Verwenden Sie ein grünes Superfood-Pulver, das gerade zur Hand ist. Weizengras erzeugt ein milderes, Chlorella ein intensiveres Aroma. Tocotrienole enthalten Vitamin E, Proteine und Mineralien.

Das Kokosöl in einem kleinen Topf bei niedriger Temperatur zerlassen. Alle Zutaten bis auf das Eis im Standmixer oder in der Küchenmaschine sämig pürieren. Eis hinzufügen und durchmischen. Sofort servieren.

Nährwert pro Portion
Kcal 217 | **Protein** 4,2 g
Kohlenhydrate 19,7 g, davon Zucker: 3,2 g
Fett 15,3 g, davon gesättigte Fettsäuren: 6,7 g

Ingwer-
Magen-
freund

Süßholz-
Stress-
abbauer

5 mm Ingwerwurzel,
   geschält und gerieben
¼ Papaya, geschält, Samen entfernt,
   gewürfelt
½ kleine Mango, geschält und gewürfelt
1 EL GETROCKNETE MAULBEEREN oder
   GOJI-BEEREN
½ TL PROBIOTISCHES Pulver
Saft von ½ Limette
1 EL ungesüßte Kokoschips
2 TL ALOE-VERA-Saft
125 ml fettarme Kokosmilch
125 ml KOKOSWASSER oder Wasser

Ingwer hat antimikrobielle und entzündungshemmende Eigenschaften, die Verdauungsbeschwerden lindern. Seine Gingerole sollen das Wachstum des Bakteriums *Helicobacter pylori* hemmen, das mit Verdauungsstörungen und Magengeschwüren in Verbindung steht.

Alle Zutaten im Standmixer oder in der Küchenmaschine glatt und cremig pürieren. Sofort servieren.

Nährwert pro Portion
Kcal 198 | **Protein** 3,1 g
Kohlenhydrate 24,6 g, davon Zucker: 17,3 g
Fett 9,6 g, davon gesättigte Fettsäuren: 6 g

2½ EL Kokosraspel
2 EL Cashewkerne
200 ml KOKOSWASSER
4 Erdbeeren, geputzt
¼ TL SÜSSHOLZEXTRAKT oder -pulver
4 KOKOS-EISWÜRFEL (Seite 22) oder
   Eiswürfel

Kokosnuss und Süßholz vereinen sich hier zu einem reichhaltigen, cremigen und vitalisierenden Mix. Süßholz ist für seine unterstützende Wirkung bei Stress bekannt und fördert zudem durch Steigerung der Interferone das Immunsystem. Süßholzextrakt oder -pulver verwenden.

Kokosraspel, Cashewkerne und Kokoswasser im Standmixer oder in der Küchenmaschine sämig pürieren. Erdbeeren und Süßholzextrakt hinzufügen und glatt pürieren. Eis hinzufügen und kurz durchmischen. Servieren.

Nährwert pro Portion
Kcal 235 | **Protein** 5,7 g
Kohlenhydrate 14,8 g, davon Zucker: 4,3 g
Fett 17 g, davon gesättigte Fettsäuren: 9,4 g

Grüner Gelenksstärker

1 Handvoll Kohlblätter
½ Papaya, geschält, Samen entfernt, gewürfelt
250 ml Mandelmilch (Seite 21)
1 TL Mandelbutter
1 EL HANF-PROTEIN-Pulver
½ TL WEIZENGRAS-Pulver
1 EL KOLLAGEN-Pulver
1 TL CISSUS-QUADRANGULARIS-Pulver oder -Tinktur

Grünes Blattgemüse wie Kohl enthält alkalisierende Mineralien, die wichtig für gesundes Gewebe und Knochen sind. In diesem Rezept wird es mit Papaya zu einem fruchtigen Smoothie vermischt. Mandeln gehören zu den reichsten Vitamin-E-Quellen, das die Außenmembran von Chondrozyten schützt. Das Vitamin C im Obst und Gemüse sowie das Plus an Kollagen haben eine positive Wirkung auf das Bindegewebe rund um die Gelenke. Zusammen mit dem Protein-Pulver sowie dem Kalzium und Magnesium im Kohl und Weizengras sind sie ein Garant für gesunde Knochen und Gelenke. Die Gesundheit und Stärke von Gelenken, Knorpeln und Sehnen wird zudem durch das Kraut Cissus quadrangularis gefördert, was für Menschen mit Osteoporose oder in der Rekonvaleszenz nach einer Verletzung von besonderer Bedeutung ist.

Alle Zutaten im Standmixer oder in der Küchenmaschine sämig pürieren. Sofort servieren.

Nährwert pro Portion
Kcal 236 | **Protein** 22,6 g
Kohlenhydrate 19 g, davon Zucker: 0,5 g
Fett 7,9 g, davon gesättigte Fettsäuren: 0,3 g

Knochen-stärker

1 EL Mandeln
2 Paranüsse
1 EL Cashewkerne
1 TL Sesamsamen
½ TL BAOBAB-Pulver
1 EL KOLLAGEN-Pulver
2 getrocknete, essfertige Feigen
2 weiche getrocknete Datteln, entsteint
½ TL gemahlener Zimt
1 TL Vanilleextrakt

Dank Kalzium- und Magnesium-reicher Zutaten sorgt dieser Smoothie für gesunde Knochen. Getrocknete Feigen und Datteln enthalten Kalzium und lösliche Ballaststoffe. Baobab enthält Vitamin C, das unerlässlich für die Produktion von Kollagen und essentiell für die Gesundheit von Knochen und Gewebe ist.

Nüsse und Samen mit 200 ml Wasser im Standmixer oder in der Küchenmaschine glatt pürieren. Die restlichen Zutaten hinzufügen und sämig pürieren. Sofort servieren (siehe Abbildung rechts).

(G) (M) (S) (ZI)

Nährwert pro Portion
Kcal 416 | **Protein** 27 g
Kohlenhydrate 76,5 g, davon Zucker: 17,2 g
Fett 21,1 g, davon gesättigte Fettsäuren: 3,2 g

Mandel-Immun-booster

100 g tiefgefrorene Kirschen, entsteint
1 Handvoll Kohl- oder Spinatblätter
1 EL Mandelbutter
½ TL WEIZENGRAS-Pulver
½ TL CHAGA- oder MACA-Pulver
1 EL GETROCKNETE MAULBEEREN, ANDENBEEREN oder GOJI-BEEREN
½ TL ACAI-Pulver
2 TL Vanilleextrakt
200 ml KOKOSWASSER oder Wasser

Superfrüchte plus Supergemüse sind das A und O in diesem immunfördernden Mix. Kirschen und Mandelbutter zaubern eine angenehm cremige Textur.

Alle Zutaten im Standmixer oder in der Küchenmaschine glatt und cremig pürieren. Sofort servieren.

(G) (M) (S) (SA) (ZI) (V)

Nährwert pro Portion
Kcal 211 | **Protein** 5,6 g
Kohlenhydrate 22,9 g, davon Zucker: 12,6 g
Fett 11,4 g, davon gesättigte Fettsäuren: 0,9 g

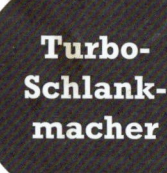

Turbo-Schlank-macher

½ TL KOKOSÖL

125 ml aufgebrühtes Grüner-Kaffee-Pulver, herkömmlicher Kaffee oder Löwenzahn-/
Zichorienkaffee

125 ml KOKOSWASSER oder Wasser

1 EL Cashewkerne

1 TL gemahlener Zimt

2 TL Vanilleextrakt

eine Prise Cayennepfeffer

1 TL MACA-Pulver

1 EL ROHKAKAO-Pulver

½ TL CHIA-SAMEN

etwas Stevia, bei Bedarf, nach Geschmack

4 Eiswürfel

Genießen Sie diesen Smoothie im Rahmen unseres Abnehmprogramms. Grüner Kaffee-Extrakt fördert die Gewichtsreduktion und kurbelt wie Kokosöl den Stoffwechsel an. Keine Sorge also, dass Sie von diesem Fett dick werden. Kokosöl stabilisiert auch den Blutzuckerspiegel – unerlässlich, um eine Gewichtszunahme zu vermeiden. Dieser Smoothie sorgt dank Chia-Samen für ein langanhaltendes Sättigungsgefühl. Grüner Kaffee ist in Pulverform erhältlich, Sie können ihn aber für diesen Drink wie üblichen Kaffee zubereiten. Alternativ können Sie herkömmlichen Kaffee oder Grüntee plus einen Esslöffel Zichorien- oder Löwenzahnkaffee fürs Aroma verwenden.

Das Kokosöl in einem kleinen Topf bei niedriger Temperatur zerlassen. Alle Zutaten bis auf das Eis im Standmixer oder in der Küchenmaschine sämig pürieren. Eis hinzufügen und kurz durchmischen. Sofort servieren.

(G) (M) (S) (ZI) (V)

Nährwert pro Portion
Kcal 194 | **Protein** 6,8 g
Kohlenhydrate 17,9 g, davon Zucker: 0,7 g
Fett 10,7 g, davon gesättigte Fettsäuren: 3,4 g

Muskel-aufbauer

Erholungs-smoothie

1 kleine Banane
1 EL ROHKAKAO-Pulver
2 EL SCHOKO-PROTEIN-Pulver
1 EL Erdnussbutter
1 EL GLUTAMIN-Pulver
1 TL MACA-Pulver
1 EL COLOSTRUM-Pulver (optional)
250 ml Mandelmilch
4 Eiswürfel

½ Banane
70 g tiefgefrorene Kirschen, entsteint
1 EL COLOSTRUM- oder GLUTAMIN-Pulver
1 TL PROBIOTISCHES Pulver
1 EL Protein-Pulver
250 ml KOKOSWASSER
2 EL SCHOKO-PROTEIN-Pulver
4 Eiswürfel

Dieser Smoothie ist reich an Protein und Glutamin und soll die Erholung nach dem Training verbessern. Erdnüsse enthalten einfach ungesättigte Fettsäuren, Magnesium, Kalium sowie Vitamin E und B_6.

Colostrum ist das Mittel der Wahl nach dem Training. Es unterstützt das Wachstum und die Reparatur von Zellen sowie Gewebe und bewirkt somit eine kürzere Erholungszeit nach einem intensiven Training.

Banane in kleine Stücke schneiden und in einen Gefrierbeutel geben. Luft hinausstreichen, verschließen und über Nacht oder bis der Inhalt hart ist einfrieren. Banane mit den restlichen Zutaten bis auf das Eis in den Standmixer oder in die Küchenmaschine geben und sämig pürieren. Eis hinzufügen und kurz durchmischen. Den Smoothie sofort servieren.

Banane in kleine Stücke schneiden und in einen Gefrierbeutel geben. Luft hinausstreichen, verschließen und über Nacht oder bis die Stückchen hart sind einfrieren. Banane mit den restlichen Zutaten bis auf das Eis in den Standmixer oder in die Küchenmaschine geben und sämig pürieren. Eis hinzufügen und glatt pürieren. Sofort servieren.

Nährwert pro Portion
Kcal 478 | **Protein** 36,9 g
Kohlenhydrate 55,5 g, davon Zucker: 16,6 g
Fett 16 g, davon gesättigte Fettsäuren: 2,1 g

Nährwert pro Portion
Kcal 262 | **Protein** 22,5 g
Kohlenhydrate 33,4 g, davon Zucker: 15,6 g
Fett 5 g, davon gesättigte Fettsäuren: 0 g

Anti-Aging-
Smoothie

1 TL KOKOSÖL
30 g Cashewkerne
1 EL GOJI-BEEREN
2 TL HONIG oder MANUKA-HONIG
1 TL VANILLE-PROTEIN-Pulver
1 TL PROBIOTISCHES Pulver
3 EL LUCUMA-Pulver
½ TL HE-SHOU-WU-, HEILPILZ- oder MACA-Pulver
1 TL MACA-Pulver
½ TL gemahlener Zimt
1 TL LECITHIN-Granulat
8 Eiswürfel

Dieser sämige Eis-Smoothie strotzt nur so vor Anti-Aging-Zutaten. He shou wu ist ein
altes Lebenselixier aus China, das die Organe, insbesondere Nieren und Leber stärkt.
Es ist entweder als reines Pulver oder in Vitalmischungen erhältlich und ein ausge-
zeichnetes Verjüngungsmittel für den ganzen Körper.

Das Kokosöl in einem kleinen Topf bei niedriger Temperatur zerlassen. Nüsse, Goji-Beeren
und 125 ml Wasser im Standmixer oder in der Küchenmaschine glatt pürieren. Die restlichen Zutaten bis auf das Eis zugeben und sämig pürieren. Eis hinzufügen und so lange
pürieren, bis ein dicker Smoothie – ähnlich wie Soft-Eis – entsteht. Sofort servieren und mit
einem Löffel essen.

Gesundheitlicher Nutzen

Lecithin-Granulat ist ein wertvoller Lieferant von Cholin, das dem Körper bei der Pro-
duktion von Acetylcholin hilft. Acetylcholin ist ein Neurotransmitter, der essentiell für die
Gedächtnisfunktion des Gehirns ist. Cholin hilft bei der Bildung der Schutzhüllen, die die
Nervenzellen umgeben.

Nährwert pro Portion
Kcal 421 | **Protein** 8,4 g
Kohlenhydrate 51,5 g, davon Zucker: 22,4 g
Fett 18,3 g, davon gesättigte Fettsäuren: 5,4 g

Erdbeer-Macadamia-Shake

½ **Banane**
1 **EL Macadamianüsse**
5 **Erdbeeren, geputzt und gewürfelt, oder tiefgefrorene gemischte Beeren**
1 **TL GEMISCHTES SUPERFOODBEEREN- oder ACAI-Pulver**

Probieren Sie doch einmal diesen schnellen einfachen Milchshake – perfekt für den Sommer, wenn Erdbeeren Saison haben. Wenn keine frischen Erdbeeren erhältlich sind, verwenden Sie einfach gemischte tiefgefrorene Beeren oder Himbeeren. Für das gesunde Plus enthält der Shake Beeren-Superfoodpulver.

Banane in kleine Stücke schneiden und in einen Gefrierbeutel geben. Luft hinausstreichen, verschließen und über Nacht oder bis die Stückchen hart sind einfrieren. Banane mit den restlichen Zutaten und 200 ml Wasser im Standmixer oder in der Küchenmaschine sämig pürieren. Sofort servieren (siehe Abbildung rechts).

Nährwert pro Portion
Kcal 179 | **Protein** 2,1 g
Kohlenhydrate 13,3 g, davon Zucker: 12 g
Fett 12,8 g, davon gesättigte Fettsäuren: 1,7 g

Rhabarber-Erdbeer-Shake

100 g **Erdbeeren, geputzt, oder tiefgefrorene Erdbeeren**
60 g **Rhabarber**
1 **TL HONIG oder MANUKA-HONIG**
150 ml **fettarme Kokosmilch aus der Dose, MILCHKEFIR oder KOKOSKEFIR** (Seite 22)
100 ml **GRANATAPFELSAFT**

Dieser süß-säuerliche Smoothie erinnert an Rhabarber-Erdbeer-Kuchen. Wenn Sie einen besonders cremigen Shake bevorzugen, verwenden Sie vollfette Kokosmilch oder tierische Milch. Für eine extra-probiotische Version wählen Sie Kokoskefir.

Alle Zutaten im Standmixer oder in der Küchenmaschine glatt und cremig pürieren. Sofort servieren.

Nährwert pro Portion
Kcal 124 | **Protein** 1,9 g
Kohlenhydrate 22,5 g, davon Zucker: 22,5 g
Fett 2,9 g, davon gesättigte Fettsäuren: 0 g

Carob-Shake mit Häubchen

1 Banane
3 EL HANFSAMEN MIT SCHALE
½ TL gemahlener Zimt
2 weiche getrocknete Datteln, entsteint
1 EL CAROB-Pulver
1 TL Vanilleextrakt

FÜR DAS HÄUBCHEN
400 ml vollfette Kokosmilch aus der Dose
2 EL Xylit
1 TL Vanilleextrakt
etwas Zimt, zum Bestreuen

Carob ist eine Hülsenfrucht und reich an Ballaststoffen, B-Vitaminen, Vitamin E und Antioxidantien. Hanfsamen liefern essentielle Omega-3-Fettsäuren zur Unterstützung der Gehirnfunktion. Das Kokos-Topping ist 3 Tage im Kühlschrank haltbar.

Banane in kleine Stücke schneiden und in einen Gefrierbeutel geben. Luft hinausstreichen, verschließen und über Nacht oder bis die Stückchen hart sind einfrieren. Die Kokosmilchdose aufrecht über Nacht im Kühlschrank einkühlen. Eine Glasschüssel in den Kühlschrank stellen, damit sie ganz kalt wird.

Xylit in der Küchenmaschine oder Mühle fein mahlen. In einer kleinen Schüssel beiseite stellen. Hanfsamen mit 250 ml Wasser in der Küchenmaschine oder im Standmixer glatt pürieren. Banane und restliche Smoothie-Zutaten hinzufügen. Sämig pürieren. In ein Glas gießen. Für das Topping die oberste feste Schicht von der Kokosmilch abschöpfen, dann in die gekühlte Schüssel geben. Die restliche Kokos-Flüssigkeit für ein anderes Rezept aufbewahren. Die Kokosmilch mit dem elektrischen Handmixer auf hoher Stufe 15–20 Sekunden schlagen. Xylit einsieben und Vanilleextrakt einrühren. Einen Esslöffel davon auf den Smoothie geben und den Smoothie mit Zimt bestreuen. Sofort servieren.

Nährwert pro Portion
Kcal 403 | **Protein** 17,3 g
Kohlenhydrate 31,2 g, davon Zucker: 26,4 g
Fett 23,5 g, davon gesättigte Fettsäuren: 5,8 g

Grüne Matcha-Cashew-Creme

1 TL KOKOSÖL
2 EL Cashewkerne
3 weiche getrocknete Datteln, entsteint
1 Handvoll tiefgefrorene oder frische
    rohe, enthülste Erbsen
1 Handvoll Spinatblätter
¼ TL MATCHA-PULVER
½ TL MACA-Pulver
1 TL CHIA-SAMEN
150 ml Mandelmilch (Seite 21) oder
    andere, nicht-tierische Milchalternative
4 KOKOS-EISWÜRFEL (Seite 22)
    oder Eiswürfel

Cashewkerne bilden die perfekte Basis für reichhaltige Smoothies ohne tierische Milch. In diesem Rezept wird aus grünem Gemüse und gesunden Pulvern ein nährstoffreicher Eisdrink gezaubert.

Das Kokosöl in einem kleinen Topf bei niedriger Temperatur zerlassen. Alle Zutaten bis auf das Eis im Standmixer oder in der Küchenmaschine sämig pürieren. Eis hinzufügen, kurz vermischen und sofort servieren.

(G) (M) (S) (ZI) (V)

Nährwert pro Portion
Kcal 206 | **Protein** 6,6 g
Kohlenhydrate 16,3 g, davon Zucker: 5,1 g
Fett 12,9 g, davon gesättigte Fettsäuren: 4,2 g

Vanille-Shilajit-Shake

2 TL KOKOSÖL
30 g Cashewkerne
2 TL HONIG oder MANUKA-HONIG
2 TL Vanilleextrakt
1 TL TOCOTRIENOLE oder 1 Vitamin-E-
    Kapsel, plus die zerdrückte Kaspel
½ TL SHILAJIT-Pulver
1 TL BLÜTENPOLLEN (optional)
250 ml KOKOSWASSER oder Wasser

Dieser samtige Vanille-Cashew-Shake ist mit etwas Honig und Blütenpollen gesüßt, die beide eine antimikrobielle Wirkung besitzen. Shilajit-Pulver enthält über 88 Mineralien und Spurenelemente – das volle Spektrum, das der Mensch zum Gesundsein braucht. Dazu gehört auch Huminsäure, die das Immunsystem stärkt.

Das Kokosöl in einem kleinen Topf bei niedriger Temperatur zerlassen. Alle Zutaten im Standmixer oder in der Küchenmaschine glatt und cremig pürieren. Sofort servieren.

(G) (M) (S) (SA) (ZI)

Nährwert pro Portion
Kcal 306 | **Protein** 7,8 g
Kohlenhydrate 21,3 g, davon Zucker: 7,1 g
Fett 21,1 g, davon gesättigte Fettsäuren: 8,1 g

Heidelbeer-Haferflocken-Smoothie

6 Pekannusshälften, fein gehackt
2 EL Haferflocken
60 g Heidelbeeren
½ Apfel, Kerngehäuse entfernt, gewürfelt
60 ml Apfelsaft
½ TL gemahlener Zimt
½ TL KOKOSÖL
60 g Naturjoghurt oder Sojajoghurt
100 ml Milch- oder KOKOSKEFIR
   (Seite 22), Halbfettmilch oder
   Milchalternative

Nüsse und Haferflocken in einer Bratpfanne
ohne Fett bei mittlerer Hitze unter ständigem
Rühren leicht anrösten. Abkühlen lassen.
Die restlichen Zutaten im Standmixer oder
in der Küchenmaschine sämig pürieren. Den
Großteil des Nuss-Mix zugeben und erneut
glatt pürieren. Den restlichen Mix einrühren,
servieren. Mit einem Löffel essen.

Nährwert pro Portion
Kcal 338 | **Protein** 8,5 g
Kohlenhydrate 36,8 g, davon Zucker: 18,4 g
Fett 17,4 g, davon gesättigte Fettsäuren: 2,7 g

Apple-Pie-Shake

200 ml Cashewmilch
   oder Mandelmilch (Seite 21)
3 Walnusshälften
1 kleiner Apfel, Kerngehäuse entfernt,
   gewürfelt
½ TL Vanilleextrakt
2 weiche getrocknete Datteln, entsteint
½ TL gemahlener Zimt
½ TL MACA-Pulver
eine Prise frisch geriebene Muskatnuss
   oder gemahlener Zimt, zum Bestreuen
eine Prise gemahlener Piment, zum
   Bestreuen

Äpfel enthalten jede Menge Pektin – lösliche Ballaststoffe, die die Gesundheit des Verdauungssystems fördern. Zimt eignet sich prima zum Ausgleich des Blutzuckerspiegels, Walnüsse enthalten Protein und gesunde essentielle Omega-3-Fettsäuren.

Alle Zutaten im Standmixer oder in der Küchenmaschine glatt und cremig pürieren. In
ein Glas gießen, Muskatnuss und Piment darüberstreuen. Den Smoothie sofort servieren.

Nährwert pro Portion
Kcal 210 | **Protein** 3,5 g
Kohlenhydrate 20,9 g, davon Zucker: 11,8 g
Fett 12,4 g, davon gesättigte Fettsäuren: 1,1 g

Limetten-Pie

Lemon-Cheesecake

1 kleine Banane
1 EL Avocado
1 Limette, geschält und entkernt
½ TL Vanilleextrakt
½ TL WEIZENGRAS- oder
  GERSTENGRAS-Pulver
1 TL HONIG oder MANUKA-HONIG oder
  nach Geschmack
200 ml Mandelmilch (Seite 21)

Dieser gesunde Smoothie erinnert stark
an Limetten-Pie. Seine sämige Konsistenz
verdankt er der tiefgefrorenen Banane und
1 El Avocado. Als Verwöhn-Plus 1 TL zerlas-
sene Kakaobutter einrühren.

Banane in kleine Stücke schneiden und in
einen Gefrierbeutel geben. Luft hinausstreichen, verschließen und über Nacht oder bis
die Stückchen hart sind einfrieren. Banane mit
den restlichen Zutaten im Standmixer oder in
der Küchenmaschine sämig pürieren. Sofort
servieren.

Nährwert pro Portion
Kcal 178 | **Protein** 2,1 g
Kohlenhydrate 29,5 g, davon Zucker: 19,1 g
Fett 5,2 g, davon gesättigte Fettsäuren: 0,7 g

½ Banane
150 ml KOKOSWASSER
3 weiche getrocknete Datteln, entsteint
2 EL Cashewkerne
1 Zitrone, geschält und entkernt
abgeriebene Schale von 1 unbehandelten
  Zitrone
2 EL VANILLE-PROTEIN-Pulver
2 TL LUCUMA-Pulver
½ TL Vanilleextrakt
4 Eiswürfel

Diese eiskalte Lemon-Cheesecake im Glas
ist ein vitalisierender Drink voller Proteine. Ideal als Snack nach dem Training.

Banane in kleine Stücke schneiden und in
einen Gefrierbeutel geben. Luft hinausstreichen, verschließen und über Nacht oder bis
die Stückchen hart sind einfrieren. Banane
mit den restlichen Zutaten bis auf das Eis im
Standmixer oder in der Küchenmaschine
sämig pürieren. Eis hinzufügen und sämig
pürieren. Den Smoothie sofort servieren.

Nährwert pro Portion
Kcal 315 | **Protein** 19,6 g
Kohlenhydrate 33,2 g, davon Zucker: 16,5 g
Fett 11,2 g, davon gesättigte Fettsäuren: 1,2 g

Limetten-Kefir-Creme

100 ml MILCH- oder KOKOSKEFIR (Seite 22)
100 ml vollfette Kokosmilch
1 EL Minzeblätter, gehackt
1 TL HONIG oder MANUKA-HONIG
1 TL BLÜTENPOLLEN oder ROH- oder MANUKAHONIG
abgeriebene Schale von 1 unbehandelten Limette
1 TL WEIZENGRAS- oder SPIRULINA-Pulver
1 Limette, geschält, entkernt und in Stücke geschnitten
4 Eiswürfel oder KOKOS-EISWÜRFEL (Seite 22)

Die Kombination aus Kefir und Limette verleiht diesem üppigen Shake einen wunderbar säuerlichen Geschmack. In diesen Smoothie passt jedes beliebige grüne Superfood, für einen höheren Proteingehalt sollten Sie etwas Spirulina-Pulver probieren.

Alle Zutaten bis auf das Eis im Standmixer oder in der Küchenmaschine sämig pürieren. Eis hinzufügen und kurz durchmischen. Sofort servieren.

Nährwert pro Portion
Kcal 105 | **Protein** 6,4 g
Kohlenhydrate 15,3 g, davon Zucker: 7,7 g
Fett 1,3 g, davon gesättigte Fettsäuren: 0,3 g

Mango Lassi

1 TL KOKOSÖL
½ Mango, geschält und gewürfelt
150 ml KOKOSWASSER
2 EL Kokosraspel
1 TL Zitronensaft
eine Prise Himalayasalz oder Meersalz
eine Prise gemahlener Kardamom, zum
  Bestreuen (optional)

Dieses erfrischend fruchtige Getränk aus
Indien eignet sich perfekt als Dessert.
Kokosöl liefert gesunde mittelkettige
Triglyceride, die vom Körper leicht ver-
brannt werden. Daher ist dieser Smoothie
der ideale Energy-Drink.

Das Kokosöl in einem kleinen Topf bei niedriger Temperatur zerlassen. Alle Zutaten bis
auf den Kardamom im Standmixer oder in
der Küchenmaschine glatt und cremig pürieren. Nach Belieben mit etwas Kardamom
bestreuen und sofort servieren.

Nährwert pro Portion
Kcal 174 | **Protein** 2,3 g
Kohlenhydrate 16,8 g, davon Zucker: 11,3 g
Fett 10,9 g, davon gesättigte Fettsäuren: 9,1 g

Aprikosen-traum

50 g Seidentofu, zerdrückt
2 essfertige getrocknete Aprikosen,
  gewürfelt
100 ml frisch gepresster Orangensaft
1 TL abgeriebene Schale von 1
  unbehandelten Orange
100 ml KOKOSWASSER
¼ TL BAOBAB-Pulver
2 frische Aprikosen, entsteint und
  gewürfelt

Bereiten Sie sich diesen sämigen milch-
freien Smoothie mit Seidentofu als reichhaltige Proteinquelle zu. Getrocknete
Aprikosen liefern zusätzlich lösliche Ballaststoffe und machen den Drink wunderbar süß.

Alle Zutaten im Standmixer oder in der
Küchenmaschine glatt und cremig pürieren.
Sofort servieren.

Nährwert pro Portion
Kcal 132 | **Protein** 6,4 g
Kohlenhydrate 21 g, davon Zucker: 17,5 g
Fett 2,5 g, davon gesättigte Fettsäuren: 0,3 g

Pumpkin-Pie

½ **Banane**
100 g Gartenkürbis, gekocht und püriert
½ **TL gemahlener Zimt**
200 ml Mandelmilch (Seite 21)
1 EL HANFSAMEN MIT SCHALE
1 TL Vanilleextrakt
2 EL VANILLE-HANF- oder ERBSEN-PROTEIN-Pulver
4 Eiswürfel
Kokosblütenzucker (optional), nach Geschmack

Kürbispüree macht sich außerordentlich gut in Smoothies, da es einen leicht süßen Geschmack hat und Getränke schön sämig macht. Dank der Kombination aus Hanfsamen und Mandelmilch besticht dieser Smoothie durch jede Menge Nährstoffe und einen wärmenden Hauch von Zimt. Proteinpulver sorgt für zusätzliche Proteine und stabilisiert den Blutzuckerspiegel.

Banane in kleine Stücke schneiden und in einen Gefrierbeutel geben. Luft hinausstreichen, verschließen und über Nacht oder bis die Stückchen hart sind einfrieren. Banane in den Standmixer oder in die Küchenmaschine geben und restliche Zutaten bis auf Eis und Zucker hinzufügen. Sämig pürieren. Eis zugeben und kurz durchmischen. Nach Geschmack süßen. Sofort servieren.

Nährwert pro Portion
Kcal 279 | **Protein** 20,4 g
Kohlenhydrate 23,8 g, davon Zucker: 9,7 g
Fett 11,3 g, davon gesättigte Fettsäuren: 0,5 g

Mandel-Eggnog

250 ml Mandelmilch oder Cashewmilch
   (Seite 21)
1 EL Macadamianüsse
1 kleine Banane, geschält und gewürfelt
2 weiche getrocknete Datteln, entsteint
½ TL BLÜTENPOLLEN, oder HONIG oder
   MANUKAHONIG
1 TL Vanilleextrakt
eine Prise frisch geriebene Muskatnuss
¼ TL gemahlener Zimt, plus mehr
   zum Bestreuen
eine Prise gemahlene Gewürznelken

Cremiger Eggnog ist der Klassiker zu
Weihnachten. In dieser Version liefern
Nussmilch und Macadamianüsse Protein,
Magnesium und Kalzium für die Kno-
chengesundheit. Für ein Plus an Vitamin C
½ TL Baobab-Pulver hinzufügen.

Alle Zutaten im Standmixer oder in der Küchenmaschine sämig pürieren. Mit gemahle-
nem Zimt bestreuen und sofort servieren.

Nährwert pro Portion
Kcal 276 | **Protein** 3,4 g
Kohlenhydrate 32,6 g, davon Zucker: 20,4 g
Fett 14,6 g, davon gesättigte Fettsäuren: 1,9 g

Heiße Schoko mit Pfiff

200 ml vollfette Kokosmilch
eine große Prise gemahlene Kurkuma
eine Prise Chilipulver oder Cayennepfeffer
1 Zimtstange
1 Kardamomkapsel, zerdrückt
1 dünne Scheibe Ingwerwurzel, geschält
2 TL Kokosblütenzucker oder nach
   Geschmack
eine Prise Himalayasalz oder Meersalz
2 TL ROHKAKAO-Pulver
½ TL MACA-Pulver
½ TL Vanilleextrakt
1 PROPOLIS-Kapsel, Inhalt eingerührt
   und Kapsel hinzugefügt (optional)

Kokosmilch in eine Pfanne geben, 3 EL heißes Wasser hinzufügen und bei mittlerer
Hitze erwärmen. Kurkuma, Chilipulver, Zimt,
Kardamom, Ingwer, Zucker und Salz zugeben
und leicht zum Kochen bringen. Hitze reduzieren und ganz leicht 5 Minuten köcheln
lassen. Die Milch in den Standmixer oder in
die Küchenmaschine abseihen. Die restlichen Zutaten hinzufügen, sämig pürieren und
sofort servieren.

Nährwert pro Portion
Kcal 106 | **Protein** 2,8 g
Kohlenhydrate 22,7 g, davon Zucker: 15 g
Fett 1,6 g, davon gesättigte Fettsäuren: 1 g

Auf einen Blick

(A) Abnehmen Die Getränke sind wie folgt bewertet: 5 Sterne (200 kcal oder weniger) – am besten zum Abnehmen; 4 Sterne (201–250 kcal); 3 Sterne (251–300 kcal).

(R) Reinigung (einschließlich Detox und Verdauung) Unterstützung des Entschlackungssystem und Beseitigung von Giftstoffen. Auch wohltuend für das Verdauungssystem.

(S) Schönheit (Anti-Aging) Enthält bekannte »Schönheitsstoffe« für gesunde Haut, Haare und Nägel und ein jugendliches Aussehen.

(E) Energie Fördert die Leistungsfähigkeit, liefert Energie, gleicht den Blutzuckerspiegel aus und steigert die Muskelmasse.

(I) Immunsystem Unterstützt das Immunsystem des Körpers. Enthält Zutaten mit anti-mikrobiellen und anti-viralen Eigenschaften.

(G) Gehirnfitness Unterstützt das Gehirn und die kognitiven Funktionen, enthält Vitamine, Mineralien, gesunde Fette und Antioxidantien für eine optimale Gehirnfunktion.

Säfte

Grüner Grapefruit-Smoothie (Seite 26)

A ★ ★ ★ ★ ★
R ★
S ★ ★
E ★ ★ ★
I ★ ★
G ★ ★

Morgengruß (Seite 26)

A ★ ★ ★ ★ ★
R ★
S ★ ★
E ★ ★
I ★ ★ ★ ★
G ★ ★

Cremiger Revitalisierer (Seite 28)

A ★ ★ ★ ★
R ★ ★
S ★ ★
E ★ ★
I ★ ★

Blaue Guave (Seite 30)

A ★ ★ ★ ★
R ★
S ★ ★
E ★ ★ ★ ★
I ★ ★
G ★ ★

Tropen-Mix (Seite 30)

A ★ ★ ★ ★ ★
R ★ ★
S ★ ★
E ★ ★
I ★ ★ ★
G ★

Ingwer-Zitronen-Limonade (Seite 32)

A ★ ★ ★ ★
R ★ ★
S ★ ★ ★
E ★ ★ ★
I ★ ★
G ★

Cranberry-Schorle (Seite 33)

A ★ ★ ★ ★ ★
R ★ ★ ★
S ★ ★ ★
E ★ ★
I ★ ★ ★
G ★

Orange-Pfirsich-Sanddorn-Slush (Seite 33)

A ★ ★ ★ ★
R ★
S ★ ★ ★
E ★
I ★ ★
G ★

Pflaumen-Orangen-Smoothie (Seite 34)

Heißer Bratapfel (Seite 34)

Apfel-Zimt-Erfrischer (Seite 36)

Ingwer-Melone (Seite 36)

Aprikosen-Immunbooster (Seite 38)

Sauer macht lustig (Seite 40)

Beeren-Kombucha (Seite 41)

Erdbeer-Fizz (Seite 42)

Beeren-Pfirsich-Sommertraum (Seite 42)

Acai-Beeren-Erfrischer (Seite 44)

Süßes Grünzeug (Seite 46)

Beerentraum in Grün (Seite 46)

Hautschützer (Seite 48)

Verdauungshelfer (Seite 49)

Anti-Cellulite-Reiniger (Seite 49)

Natürlicher Entzündungshemmer (Seite 50)

Chlorophyll-Wunder (**Seite 54**)

Elektrolytebombe (**Seite 54**)

Veggie-Entschlacker (**Seite 56**)

Romana-Zitronen-Twister (**Seite 56**)

Grüner Zitronenreiniger (**Seite 58**)

Brokkoli-Birne-Slush (**Seite 60**)

Spinat-Mix (**Seite 61**)

Süßer Kohl (**Seite 61**)

Grüner Ingwer-Mix (**Seite 62**)

Salat-Shake (**Seite 62**)

Verdauungshelfer (**Seite 64**)

Magenfreund (**Seite 64**)

Entzündungshemmer (**Seite 66**)

Wurzeltonikum (**Seite 68**)

Hautreiniger (**Seite 68**)

Paprika-Bombe (**Seite 70**)

Rote Schönheit **(Seite 70)**

A ★ ★ ★ ★ ★
R ★ ★
S ★ ★
E ★
I ★
G ★

Anti-Cellulite-Trank **(Seite 71)**

A ★ ★ ★ ★ ★
R ★ ★ ★
S ★ ★
E ★ ★
I ★
G ★

Eisen-Stärker **(Seite 72)**

A ★ ★ ★ ★ ★
R ★ ★
S ★ ★
E ★ ★ ★
I ★
G ★

Fruchtbarkeitsbombe **(Seite 74)**

A ★ ★ ★ ★ ★
R ★ ★
S ★
E ★
I ★
G ★

Vitalbombe **(Seite 75)**

A ★ ★ ★ ★ ★
R ★ ★
S ★ ★
E ★ ★ ★
I ★ ★
G ★ ★

Aloe-Jungbrunnen **(Seite 75)**

A ★ ★ ★ ★ ★
R ★ ★ ★
S ★ ★ ★
E ★ ★
I ★
G

Roter Feuchtigkeitskick **(Seite 76)**

A ★ ★ ★ ★ ★
R ★ ★
S ★ ★ ★
E ★ ★ ★
I ★ ★ ★
G ★ ★ ★

Kürbis-Power **(Seite 76)**

A ★ ★ ★ ★ ★
R ★
S ★ ★
E ★ ★ ★
I ★ ★ ★
G ★ ★ ★

Bete-Beeren-Turbo
(Seite 78)

A ★ ★ ★
R ★ ★ ★
S ★ ★ ★
E ★ ★ ★ ★
I ★ ★ ★ ★
G ★ ★ ★

Koriander-Detox **(Seite 80)**

A ★ ★ ★ ★ ★
R ★ ★ ★
S ★ ★
E ★
I ★
G

Goldmischung **(Seite 80)**

A ★ ★ ★ ★ ★
R ★ ★
S ★ ★ ★ ★
E ★ ★ ★
I ★ ★
G ★ ★

Smoothies

Avocado und Grünzeug (Seite 84)

- A ★★★★★
- R ★★★★
- S ★★★
- E ★★★
- I ★★★
- G ★★

Purpur-Smoothie (Seite 84)

- A ★★★★
- R ★
- S ★★★
- E ★★★
- I ★★
- G ★★

Gehirn-Booster (Seite 86)

- A ★★
- R ★
- S ★★
- E ★★
- I ★
- G ★★★★

Grünes Allerlei (Seite 88)

- A ★
- R ★★
- S ★★
- E ★★★
- I ★★★
- G ★★

Grüner Turbo (Seite 89)

- A ★★★★
- R ★★
- S ★★
- E ★★
- I ★★
- G ★★

Spirulina-Smoothie (Seite 89)

- A ★★★★★
- R ★★
- S ★★
- E ★★
- I ★★
- G ★★★

Schwermetall-Detox (Seite 90)

- A ★★★★★
- R ★★★★
- S ★★★
- E ★★★★
- I ★★★
- G ★★★

Pikanter Mix (Seite 90)

- A ★★★
- R ★★
- S ★★
- E ★★★
- I ★★
- G ★★

Gelenksheiler (Seite 92)

- A ★★★★★
- R ★★
- S ★★★★
- E ★★★★
- I ★★★
- G ★★

Birnen-Protein-Bombe (Seite 93)

- A ★★★
- R ★★
- S ★★★
- E ★★★
- I ★★
- G ★★

Magnesium-Turbo (Seite 94)

- A ★★★
- R ★★★
- S ★★★
- E ★★★
- I ★★
- G ★★

Matcha-Tropen-Mix (Seite 96)

- A ★★★★★
- R ★★★★
- S ★★★
- E ★★★
- I ★★★
- G ★★★

Ananas-Gazpacho (Seite 96)

- A ★★★★
- R ★★
- S ★★
- E ★★★
- I ★★
- G ★

Brombeer-Rooibos-Smoothie (Seite 97)

- A ★★★★★
- R ★
- S ★★★
- E ★★★
- I ★★
- G ★★

Eistee-Protein-Shake (Seite 98)

- A ★★★★
- R ★★
- S ★★★
- E ★★★
- I ★★★
- G ★★★

Kombucha-Smoothie (Seite 98)

- A ★★★★★
- R ★★★
- S ★★
- E ★★★
- I ★★★
- G ★★

Schoko-Zimt-Omega-Elixir
(Seite 100)

A
R
S ★★
E ★★★
I ★★★
G ★★★★

Karotten-Gewürz-Smoothie
(Seite 100)

A ★★★
R
S ★★★
E ★★★
I ★★★
G ★★

Schoko-Beeren-Smoothie
(Seite 102)

A ★★★★
R
S ★★★
E ★★
I ★★
G ★★★

Rote-Bete-Schoko-Traum
(Seite 104)

A ★★★★★
R ★★★
S ★★★
E ★★★
I ★★
G ★★

Hormon-Ausgleicher (Seite 105)

A
R ★★
S ★★
E ★★
I ★★
G ★★

Goji-Erdbeer-Smoothie (Seite 105)

A ★★★
R
S ★★★
E ★★★★
I ★★
G ★★

Tropen-Mix (Seite 106)

A ★★★
R ★★★
S ★★★★
E ★★★
I ★★★
G ★★★

Sommer-Tonikum (Seite 106)

A ★★★
R
S ★★★
E ★★★★
I ★★★
G ★★

Früchtetraum (Seite 108)

A ★★★
R ★
S ★★★
E ★★★
I ★★★
G ★★

Orange-Khaki-Mix (Seite 110)

A ★★★★
R ★★
S ★★
E ★★
I ★★
G ★★

Grüner Drache (Seite 110)

A ★★★
R ★
S ★★
E ★★
I ★★
G ★

Wassermelonen-Mix (Seite 111)

A ★★★★★
R ★★
S ★★★★
E ★★★
I ★★★
G ★★

Kefir-Limette-Colada (Seite 112)

A ★★★★★
R ★★★★
S ★★
E ★★
I ★★
G ★★

Pfirsich-Chia-Smoothie (Seite 112)

A ★★★★★
R
S ★★★
E ★★★
I ★★
G ★★

Schoko-Haselnuss-Blumenkohl-
Cream (Seite 114)

A ★★★
R ★
S ★★
E ★★
I
G

Banane-Pekan-Aufbauer
(Seite 114)

A
R
S ★
E ★★★
I
G ★★

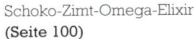

Guten Morgen-Beeren-Latte (Seite 118)

A ★★★★★
R
S ★★
E ★★★
I ★
G ★★

Aufwecker (Seite 118)

A
R ★★★
S ★★★
E ★★★
I ★★
G ★

Cremiger Superfood-Mokka (Seite 120)

A
R
S ★★
E ★★★
I ★★★
G ★★★

Frühstücksschale (Seite 122)

A
R ★★
S ★★★
E ★★★★
I ★★
G ★★

Espresso-Shake (Seite 123)

A ★★★
R ★
S
E ★★★★★
I ★★
G ★★

Banane-Karamell-Creme (Seite 123)

A
R ★
S ★
E ★★
I ★★
G ★

Schoko-Lebensverlängerer (Seite 124)

A ★★★
R
S ★★
E ★★
I ★★★
G ★★★★

Kleeblatt-Shake (Seite 124)

A ★★★★
R ★★★
S
E ★★
I
G ★★★

Ingwer-Magenfreund (Seite 126)

A ★★★★★
R ★★★
S ★★★
E ★★★
I ★★
G ★★

Süßholz-Stressabbauer (Seite 126)

A ★★★★
R ★★
S ★
E ★★
I
G ★★★

Grüner Gelenksstärker (Seite 128)

A ★★★★
R ★★
S ★★
E ★★★★
I
G ★★

Knochenstärker (Seite 130)

A
R
S ★★★★
E ★★
I ★
G ★

Mandel-Immunbooster (Seite 130)

A ★★★★
R ★★★
S ★★★
E ★★
I ★★★
G ★★

Turbo-Schlankmacher (Seite 132)

A ★★★★★
R
S ★
E ★★★★
I ★
G ★★

Muskelaufbauer (Seite 133)

A
R
S ★★★
E ★★★★
I ★★★★
G ★★

Erholungssmoothie (Seite 133)

A ★★★
R ★★
S ★★★★
E ★★★★★
I ★★★
G ★★★

Anti-Aging-Smoothie (Seite 134)

- A ★★
- R ★★
- S ★★★★
- E ★★★★
- I ★★★★
- G ★★★★

Erdbeer-Macadamia-Shake (Seite 136)

- A ★★★★★
- R
- S ★★★
- E ★★★
- I ★★
- G ★★

Rhabarber-Erdbeer-Shake (Seite 136)

- A ★★★★★
- R
- S ★★★
- E ★★★★
- I ★★
- G

Carob-Shake mit Häubchen (Seite 138)

- A
- R
- S ★
- E ★★★
- I ★
- G ★★

Grüne Matcha-Cashew-Creme (Seite 139)

- A ★★★★
- R ★★
- S ★★★
- E ★★★
- I ★★★★
- G ★★★★

Vanille-Shilajit-Shake (Seite 139)

- A ★
- R
- S ★★★
- E ★★★★
- I ★★★★
- G ★★★

Heidelbeer-Haferflocken-Smoothie (Seite 140)

- A ★
- R ★★
- S ★★
- E ★★
- I ★
- G ★

Apple-Pie-Shake (Seite 140)

- A ★★★★
- R
- S ★
- E ★★★
- I ★★
- G ★★★

Limetten-Pie (Seite 142)

- A ★★★★★
- R ★★
- S ★★★
- E ★★
- I ★★
- G ★★

Lemon Cheesecake (Seite 142)

- A
- R
- S ★★★
- E ★★★★
- I ★★
- G

Limetten-Kefir-Creme (Seite 144)

- A ★★★★★
- R ★★
- S ★★★
- E ★★★★
- I ★
- G ★

Mango Lassi (Seite 146)

- A ★★★★★
- R
- S ★
- E ★★★
- I ★★
- G ★

Aprikosentraum (Seite 146)

- A ★★★★★
- R
- S ★★★★
- E ★★★
- I ★★★
- G ★★

Pumpkin Pie (Seite 147)

- A ★★★
- R
- S ★★★
- E ★★★★★
- I ★
- G ★

Mandel-Eggnog (Seite 148)

- A ★★★
- R
- S
- E ★★★★★
- I ★★
- G

Heiße Schoko mit Pfiff (Seite 148)

- A ★★★★★
- R
- S ★★
- E ★★★
- I ★★★★★
- G ★★★★

Register